교과 단원별 성취기준에 맞춘

초등 1학년
교과서 그림책 독후 활동

초등 1학년 교과서 그림책 독후 활동

초판 1쇄 발행 2023년 2월 24일

지은이 | 그림책사랑교사모임

발행인 | 최윤서
편집장 | 김미영
디자인 | 김수경
마케팅 지원 | 최수정
펴낸 곳 | ㈜교육과실천
도서문의 | 02-2264-7775
인쇄 | 031-945-6554 두성 P&L
일원화 구입처 | 031-407-6368 ㈜태양서적
등록 | 2020년 2월 3일 제2020-000024호
주소 | 서울특별시 중구 창경궁로 18-1 동림비즈센터 505호
ISBN 979-11-91724-22-6 (13370)

책값은 뒤표지에 있습니다.
저작권법에 따라 한국 내에서 보호를 받는 저작물이므로 무단 전재 및 복제를 금합니다.

교과 단원별 성취기준에 맞춘

그림책사랑교사모임 지음

초등 1학년
교과서 그림책 독후 활동

여는 글

미리 만나는 교과 수업 활동, 왜 그림책인가?

그림책은 글과 그림이 조화를 이루어 새로운 의미를 만들어 내는 책이다. 그림만 봐서도 글만 읽어서도 책의 내용을 다 이해하기 힘들다. 그림과 글을 모두 봐야만 책의 의미를 온전히 파악할 수 있다. 글은 기호다. 기호는 사회 전반의 약속이며 초등학교 저학년 아이들은 글을 익혀서 기호화된 세상에 첫발을 내딛는다. 이런 아이들에게 글자만 빼곡한 책은 기호를 해석해야 하는 부담을 줄 수 있다.

반면에 그림책은 글로 다 채우지 않고 그림으로 받아들이는 영역을 남겨 두기에 아이들이 책 읽기에 흥미를 붙이도록 해 준다. 상상력이 무궁무진한 저학년 아이들은 그림책의 그림을 보며 아직 기호화되지 않은 무한한 세계로 자신의 꿈을 펼쳐 나갈 수 있다. 아이들을 상상의 세계로 데려간 그림책은 이윽고 기호화된 깊은 독서의 세계로 안내할 것이다.

세계 어느 나라에서나 부모들은 심지어 아이가 태어나기 전부터 자연스럽게 그림책을 읽어 준다. 아이들은 그걸 들으면서 성장하고, 조금 크면 이제 혼자서 그림책을 보려고 한다. 그리고 자신의 경험을 덧붙이며 세계를 확장해 나간다.

우리나라에서 그림책은 초등학교 저학년 아이들에게 한글을 깨치는 계기뿐만 아니라 글을 이해해서 자신의 생각을 표현하는 능력, 다른 사람의 생각과 상황에 공감하는 능력을 키울 수 있도록 돕는 최고의 매개체다.

초등학교 저학년 수업은 아이들의 경험과 흥미를 끌어내어 학습 목표에 도달하도록 설계되어 있다. 그림책에는 아이들이 경험할 수 있는 다양한 이야기와 그림이 담겨 있고, 아이들이 관심을 가지고 상상할 수 있는 풍부한 주제를 다루고 있어서 수업에서 달성하고자 하는 목표를 이루기에도 적합하다. 교육과정 목표에 부합하는 그림책은 아이들이 흥미와 관심을 유지한 상태에서 학교 수업에 더 즐겁게 참여하도록 기회를 마련해 준다.

1학년 아이들의 특징

초등학교 1학년 아이들은 매사에 호기심과 질문이 많다. 상상력과 창의적 표현 능력이 발달해서 자기 나름대로 색다른 표현 방법을 사용하기도 한다. 그러나 시간 관념이 막연하고, 아직은 자기중심적으로 생각하는 시기다. 집중을 지속하는 시간이 짧고 관심 분야가 자주 변해서 한 가지 일에 오래 몰두하지 못한다. 새로운 환경 변화에 불안을 느끼고 어른에게 의지하려는 경향이 강한 동시에 감정에 따라 행동하며 타인의 기분 변화에도 민감한 편이다. 또래 집단을 형성하기 시작하면서 협동적이고 간단한 놀이를 좋아하는 것도, 시력이 완성되는 것도 이 시기의 특징이다. 마음에 드는 그림책을 여러 번 반복해서 보는 이유도 시각적인 자극에 적극적으로 반응하기 때문이다.

1학년 교육과정 국어과와 통합 교과의 특징

이러한 특성을 보이는 1학년 아이들의 성장을 돕기 위해 1학년 교육과정은 국어와 수학을 기본으로 통합 교과인 봄, 여름, 가을, 겨울과 창의적 체험 활동으로 구성되어 있다.

국어 교과는 듣기, 말하기, 읽기, 쓰기, 문법, 문학 영역으로 이루어진다. 글자, 낱말, 문장을 소리 내어 읽고 바르게 쓰는 한글 교육을 기반으로, 겪은 일이나 인상 깊었던 일에 대한 생각이나 느낌을 문장으로 쓸 수 있도록 한다. 이를 통해 궁극적으로는 읽고 쓰는 데 흥미를 갖고 즐겁게 읽고 쓰는 태도를 기르고자 한다. 이해를 위한 예시 자료로 시나 노래, 이야기 등을 텍스트로 사용하고 있으며, 그림책의 글이나 그림을 교과서 전반에 두루 활용하고 있다.

통합 교과는 주제별 교육과정으로 봄, 여름, 가을, 겨울 대주제를 중심으로 봄 책에는 '학교', 여름 책에는 '가족', 가을 책에는 '마을', 겨울 책에는 '나라'를 넣어 구성하고 있다. 또 이 시기의 발달 단계에 맞추어 단원별로 동요와 전래 동요, 땀을 흘리며 할 수 있는 신체 활동, 그리기와 만들기 같은 조작 활동을 조화롭게 구성하여 놀이하듯이 교과 내용을 성취하도록 돕고 있다.

미리 만나는 교과서 그림책 수업

『초등 1학년 교과서 그림책 독후 활동』은 교과서에 수록된 그림책을 다양한 독후 활동으로 소개한 워크북이다. 그 특징을 소개하면 첫째, '독후 활동' 코너에서는 아이가 가족과 함께 그림책을 읽고, 쉽고 자세하게 풀어낸 활동을 즐기는 가운데 교과의 성취기준과 목표에 도달할 수 있도록 했다. 단어 카드, 그리기, 만들기, 쓰기 등 제공한 활동지를 바로 인쇄해서 적용할 수 있다는 점과 교과와 연계한 미술, 음악, 연극, 놀이, 체험 등 다채로운 그림책 독후 활동을 가정에서 손쉽게 할 수 있도록 기획했다는 것이 큰 장점이다.

둘째, '질문과 대화' 코너는 아이가 그림책의 내용을 잘 이해했는지를 묻는 '사실 질문', 창의적으로 문제를 바라보고 해결할 수 있도록 한 '해석 질문', 내가 책 속 인물이라면 어떻게 할지 상상하고 다양한 관점으로 상황을 살펴보도록 한 '적용 질문'을 통해 그림책에 흥미를 갖고 더 깊이 있게 읽을 수 있도록 이끌고 있다. 아이가 그림책을 다각적으로 이해하고, 가족과 의사소통하며, 서로의 생각을 공유하는 기회를 만들어 줄 것이다.

셋째, '글쓰기' 코너에서는 사실·해석·적용 단계별 질문에 따라 나눈 이야기를 바탕으로 편지 쓰기, 뒷이야기 상상하기, 생활 글쓰기, 동시 쓰기, 실천을 다짐하는 글쓰기, 설명하는 글쓰기 등 아이의 생각을 문장으로 표현하고 시각적으로 정리하면서 통합 사고력을 키우는 글쓰기 활동으로 마무리할 수 있도록 구성했다. 아직 글쓰기에 어려움을 느낄 수 있는 아이들을 위해 활동지는 예시 자료를 참고하도록 장벽을 낮추었고, 미리 연습할 수 있는 기회도 제공한다.

끝으로, 제시한 활동과 아울러 체험할 수 있는 확장 활동, 아이의 발달 과정상 겪을 수 있는 어려움에 대한 내용은 각 코너마다 '유의점' 항목으로 따로 빼서 세심하게 안내하고 있다. 아이와 부모의 정서적 교감과 소통을 위한 충분한 길잡이가 되어 줄 것이다.

이 책을 통해 아이는 일상생활 속에서 부모와 함께 그림책을 읽고 교육과정과 연계한 다양한 활동을 해 보는 가운데 다양한 삶의 모습을 간접 경험하면서 정서적 안정감을 얻게 될 것이다. 아울러 상상력과 창의성이 발달하여 주변 세계를 폭넓게 이해할 수 있게 되고, 앞으로 살아가면서 겪게 될 많은 문제를 해결하는 통찰력을 기르게 될 것이다.

『초등 1학년 교과서 그림책 독후 활동』이 부디 아이들의 바람직한 독서 생활 습관을 형성하는 데 좋은 계기가 되어 주기를 기대한다.

2023년 2월
그림책사랑교사모임

차례

여는 글 미리 만나는 교과 수업 활동, 왜 그림책인가? 4

〈초등 1학년 교과서 그림책 독후 활동〉 활용법
〈초등 1학년 교과서 그림책 독후 활동〉 단원별 성취기준

국어 1학년 1학기

01 자음 익히기
국어 1-1-2

재미있게 ㄱㄴㄷ 16
『숨바꼭질 ㄱㄴㄷ』 김재영 글·그림, 현북스
『표정으로 배우는 ㄱㄴㄷ』 솔트앤페퍼 기획·그림, 소금과후추
『손으로 몸으로 ㄱㄴㄷ』 전금하 글·그림, 문학동네
『생각하는 ㄱㄴㄷ』 이지원 글·이보나 흐미엘레프스카 그림, 논장

02 받침 없는 글자 읽고 쓰기
국어 1-1-4

글자를 만들어요 32
『이가 아파서 치과에 가요』 한규호 글·원성현 그림, 받침없는동화

03 인사말 배우기
국어 1-1-5

다정하게 인사해요 40
『인사를 나눠 드립니다』 이한재 글·그림, 킨더랜드

04 촉감 놀이하기
국어 1-1-6

받침이 있는 글자 50
『구름 놀이』 한태희 글·그림, 미래엔아이세움

05 다른 사람 입장 이해하기
국어 1-1-8

소리 내어 또박또박 읽어요 60
『강아지 복실이』 한미호 글·김유대 그림, 국민서관

★ 1-1-2는 1학년 1학기 2단원입니다.

통합 1학년 1학기 봄, 여름

| 06 | **자기소개하기**
통합 봄 1-1-1 | 학교에 가면
『달라도 친구』 허은미 글·정현지 그림, 웅진주니어 | 69 |

| 07 | **사계절 느끼기**
통합 봄 1-1-2 | 도란도란 봄 동산
『나의 봄 여름 가을 겨울』 린리쥔 글·린리치 그림, 베틀북 | 79 |

| 08 | **가족에 대해 알아보기**
통합 여름 1-1-1 | 우리는 가족입니다
『가족은 꼬옥 안아 주는 거야』 박윤경 글·김이랑 그림, 웅진주니어 | 88 |

| 09 | **오감으로 표현하기**
통합 여름 1-1-2 | 여름 나라
『할머니, 어디 가요? 앵두 따러 간다!』 조혜란 글·그림, 보리 | 96 |

국어 1학년 2학기

| 10 | **책과 친해지기**
국어 1-2-1 | 소중한 책을 소개해요 ①
『책이 꼼지락꼼지락』 김성범 글·이경국 그림, 미래아이 | 102 |

| 11 | **책 읽는 즐거움 느끼기**
국어 1-2-1 | 소중한 책을 소개해요 ②
『발가락』 이보나 흐미엘레프스카 글·그림, 논장 | 111 |

| 12 | **도서관에서 책 찾아보기**
국어 1-2-1 | 소중한 책을 소개해요 ③
『나는 책이 좋아요』 앤서니 브라운 글·그림, 웅진주니어 | 120 |

13	흉내 내는 말 찾기 국어 1-2-2	소리와 모양을 흉내 내요 『구슬비』 권오순 글·이준섭 그림, 문학동네어린이	129
14	생각과 느낌 글로 쓰기 국어 1-2-3	문장으로 표현해요 『가을 운동회』 임광희 글·그림, 사계절	137
15	다른 사람 말 경청하기 국어 1-2-4	바른 자세로 말해요 ① 『딴생각하지 말고 귀 기울여 들어요』 서보현 글·손정현 그림, 상상스쿨	148
16	사건의 순서를 따지며 책 읽기 국어 1-2-4	바른 자세로 말해요 ② 『콩 한 알과 송아지』 한해숙 글·김주경 그림, 애플트리태일즈	156
17	고운 말하는 습관 기르기 국어 1-2-6	고운 말을 해요 『몽몽 숲의 박쥐 두 마리』 이혜옥 글·이은진 그림, 한국차일드아카데미(점자책)	164
18	어휘력 키우기 국어 1-2-7	무엇이 중요할까요 『소금을 만드는 맷돌』 홍윤희 글·한태희 그림, 예림당	174
19	이야기의 흐름 파악하기 국어 1-2-8	띄어 읽어요 ① 『솔이의 추석 이야기』 이억배 글·그림, 길벗어린이	182
20	문장 만들기 국어 1-2-8	띄어 읽어요 ② 『나는 자라요』 김희경 글·염혜원 그림, 창비	192

21	**설명하는 글쓰기** 국어 1-2-10	인물의 말과 행동을 상상해요 ① 『별을 삼킨 괴물』 민트래빗 플래닝 글·그림, 민트래빗	200
22	**이야기 만들기** 국어 1-2-10	인물의 말과 행동을 상상해요 ② 『숲속 재봉사』 최향랑 글·그림, 창비	209
23	**약속 실천하기** 국어 1-2-10	인물의 말과 행동을 상상해요 ③ 『엄마 내가 할래요!』 장선희 글·박정섭 그림, 장영	217

통합 1학년 2학기 가을, 겨울

24	**이웃과 사이좋게 지내기** 통합 가을 1-2-1	내 이웃 이야기 『이웃사촌』 클로드 부종 글·그림, 파랑새	226
25	**계절의 변화 느끼기** 통합 가을 1-2-2	현규의 추석 『가을을 파는 마법사』 이종은 글·류은형 그림, 노루궁뎅이	235
26	**우리나라 상징물 알기** 통합 겨울 1-2-1	여기는 우리나라 『안녕, 태극기!』 박윤규 글·백대승 그림, 푸른숲주니어	242
27	**신나는 겨울나기** 통합 겨울 1-2-2	우리의 겨울 『겨울이 왔어요』 찰스 기냐 글·애그 자트코우스카 그림, 키즈엠	250

<초등 1학년 교과서 그림책 독후 활동> 활용법

* 이 책의 특·장점은 이래요!

- 2022 개정 교육과정의 핵심인 문해력에 초점!
- 그림책 전문가인 현직 초등학교 교사들이 집필!
- 초등학교 1학년 전 교과에 수록된 그림책 제시!

* 이 책을 이렇게 활용하세요!

1단계 : '성취기준' 확인
- 각 단원별로 제시된 성취기준(학습 목표)을 확인한다.

2단계 : 교과서 수록 '그림책 읽기'
- 아이들의 특성과 그림책의 물성을 고려하여 실물 그림책을 활용한다.
- 먼저 부모님이 그림책을 소리 내어 읽어 주고, 아이는 눈으로 따라가며 그림에 집중한다.
- 아이가 소리 내어 다시 읽으며 숨겨진 다양한 글 그림 정보를 발견하도록 유도한다.

3단계 : 각 장마다 두 개의 '독후 활동' 진행
- 교과별 단원별 성취기준을 고려, 아이들의 흥미를 유도하며 즐겁게 참여한다.
- 바로 뽑아 쓰는 활동지를 활용해 문제를 해결한다.
- 마지막에 제시한 '유의점'을 참고한다.

| 각 교과 및 단원별 성취 기준에 맞춘 '독후 활동', '질문과 대화', '글쓰기' 제시! | 모든 활동과 과정을 아이와 부모가 함께할 수 있도록 구성! | 바로 뽑아서 사용할 수 있는 '활동지' 제공 (네이버 밴드에서 출력)! |

4단계 : '질문과 대화'하기

- 제시된 사실 질문, 해석 질문, 적용 질문지를 활용하여 아이에게 질문한다.
- 질문과 대화는 그림책을 읽기 전·중·후 과정에서 적절히 활용한다.
- 아이가 대답하기 힘들어하면 다그치지 않고 부모님의 생각을 나눈다.

★ **질문과 대화**

민철이가 만난 사람들은 누구누구인가요?(각각의 장소에서 만난 사람들)
민철이가 했던 인사말은 무엇인가요?
민철이가 인사했던 장소는 어디인가요?

2) 해석 질문
버스 기사님은 민철이의 인사에 왜 대답을 하지 않았을까요?
민철이는 버스 기사님에게 인사를 할 때 왜 머뭇거렸을까요?
민철이의 인사를 받은 사람들의 마음은 어땠을까요?

3) 적용 질문
인사를 하면 어떤 마음이 드나요?
인사를 할 때의 표정과 말투는 어떠해야 할까요?
○○해야 하는 이유는 무엇일까요?

★ **글쓰기**

사람을 만나도 인사를 하지 않는 경우가 종종 있다. 인사를 하더라도 상황에 맞는 적절한 인사말을 찾는 데 어려움을 느끼기도 한다. 예를 들면 길을 가다가 몸이 부딪혔을 때 '미안합니다.'라는 말은 평소에 자주 해 보지 않으면 자연스럽게 나오지 않는다. 인사를 해야 하는 다양한 상황을 제시하고, 어떤 인사말을 해야 할지 소리 내어 말하고 글로 써 보는 연습이 필요하다. 아이가 글쓰기를 어려워한다면 먼저 소리 내어 인사하는 연습을 충분히 한 뒤에 인사말을 보여 주고, 그중에서 골라서 따라 써 보게 한다.

글쓰기 방법
준비물 : 활동지
① 먼저 활동지 윗부분의 일곱 가지 인사말을 따라 읽는다.
② 인사말을 충분히 익혔으면 활동지 아래에 있는 다섯 가지 상황 가운데서 한 가지를 고르게 한다.
③ 선택한 상황에서 어떤 인사말을 해야 할지 추측해 본다.
④ 추측한 내용을 바탕으로 일곱 가지 인사말 중에서 적절한 것을 고른다.
⑤ 고른 인사말을 상황 옆에 적는다.

유의점
1학년 1학기에는 한글 쓰기를 본격적으로 시작하지 않는다. 따라서 아이 스스로 단어나 문장을 쓰도록 강조하는 것보다 먼저 부모와 인사말에 대한 이야기를 충분히 나누는 것이 좋다. 그런 다음 인사말 단어를 오려서 펼쳐놓고 적절한 인사말을 골라 보도록 한다.

5단계 : 글쓰기

- 앞서 한 독후 활동, 질문과 대화로 생각이 열리고 자란 아이에게 동시 쓰기, 일기 쓰기, 편지 글 쓰기, 성찰하는 글쓰기, 뒷이야기 상상해서 쓰기 등 다양한 글쓰기를 경험하게 한다.
- 책에서 제시한 예시문을 참고하되 강요하지 않고 자유롭게 글쓰기를 허용한다.
- 마지막에 제시한 '유의점'을 참고한다.

<초등 1학년 교과서 그림책 독후 활동> 단원별 성취기준

• 국어 1학년 1학기

학년-학기-단원	단원명	그림책	성취기준
1-1-2	재미있게 ㄱㄴㄷ	숨바꼭질 ㄱㄴㄷ	한글 자음자와 모음자 이름과 소릿값을 알고 정확하게 발음한다.
		표정으로 배우는 ㄱㄴㄷ	
		손으로 몸으로 ㄱㄴㄷ	
		생각하는 ㄱㄴㄷ	
1-1-4	글자를 만들어요	이가 아파서 치과에 가요	글자, 낱말, 문장을 소리 내어 읽는다.
1-1-5	다정하게 인사해요	인사를 나눠 드립니다	바르고 고운 말을 사용하여 말하는 태도를 지닌다.
1-1-6	받침이 있는 글자	구름 놀이	받침 있는 글자를 읽고 쓴다.
1-1-8	소리 내어 또박또박 읽어요	강아지 복실이	문장과 글을 알맞게 띄어 읽는다.

• 국어 1학년 2학기

학년-학기-단원	단원명	그림책	성취기준
1-2-1	소중한 책을 소개해요 ①	책이 꼼지락꼼지락	읽기에 흥미를 가지고 즐겨 읽는 태도를 지닌다.
	소중한 책을 소개해요 ②	발가락	
	소중한 책을 소개해요 ③	나는 책이 좋아요	
1-2-2	소리와 모양을 흉내내요	구슬비	소리와 모양을 흉내 내는 말을 관심 있게 살펴보고 흥미를 가진다.
1-2-3	문장으로 표현해요	가을 운동회	자신의 생각을 문장으로 표현한다.
1-2-4	바른 자세로 말해요 ①	딴생각하지 말고 귀 기울여 들어요	듣는 이를 바라보며 바른 자세로 자신 있게 말한다.
	바른 자세로 말해요 ②	콩 한 알과 송아지	

학년-학기-단원	단원명	그림책	성취기준
1-2-6	고운 말을 해요	몽몽 숲의 박쥐 두 마리	바르고 고운 말을 사용하여 말하는 태도를 지닌다.
1-2-7	무엇이 중요할까요	소금을 만드는 맷돌	글을 읽고 주요 내용을 확인한다.
1-2-8	띄어 읽어요 ①	솔이의 추석 이야기	문장과 글을 알맞게 띄어 읽는다.
	띄어 읽어요 ②	나는 자라요	
1-2-10	인물의 말과 행동을 상상해요 ①	별을 삼킨 괴물	말하는 이와 말의 내용에 집중하며 듣는다.
	인물의 말과 행동을 상상해요 ②	숲속 재봉사	
	인물의 말과 행동을 상상해요 ③	엄마 내가 할래요!	

• 통합 교과 1학년

학년-학기-단원	단원명	그림책	성취기준
봄 1-1-1	학교에 가면	달라도 친구	여러 친구의 다양한 특성을 이해하고 친구를 존중한다.
봄 1-1-2	도란도란 봄 동산	나의 봄 여름 가을 겨울	봄이 되어 볼 수 있는 다양한 동식물을 찾아본다.
여름 1-1-1	우리는 가족입니다	가족은 꼬옥 안아주는 거야	가족의 의미를 알고 가족 간에 지켜야 할 예절을 안다.
여름 1-1-2	여름 나라	할머니, 어디 가요? 앵두 따러 간다!	여름 날씨의 특징과 주변의 생활 모습을 관련 짓는다.
가을 1-2-1	내 이웃 이야기	이웃사촌	이웃의 모습과 생활을 다양하게 표현하고 이웃과 잘 지내는 방법을 안다.
가을 1-2-2	현규의 추석	가을을 파는 마법사	여러 가지 자료를 활용하여 가을의 특징을 파악한다.
겨울 1-2-1	여기는 우리나라	안녕, 태극기!	우리나라의 상징을 여러 가지 방법으로 표현한다.
겨울 1-2-2	우리의 겨울	겨울이 왔어요	겨울 날씨의 특징과 주변의 생활 모습을 관련 짓는다.

01 자음 익히기

국어 1학년 1학기 2단원

재미있게 ㄱㄴㄷ

★ 독후 활동

1) 숨은 글자 찾기

처음 한글을 접하는 아이들에게 낱글자 모양을 연상할 수 있는 동물 친구들을 등장시켜 ㄱㄴㄷㄹ… 자음을 익힐 수 있도록 만든 그림책이다. 자음 모양으로 뚫린 구멍으로 숨은 글자와 그 자음이 들어간 동물을 찾아보고, 뚫린 구멍에 손을 넣어 보는 등 다양한 방법으로 글자 모양을 익히도록 돕는다.

『숨바꼭질 ㄱㄴㄷ』
김재영 글·그림, 현북스

활동 방법

그림책 마지막 페이지에 나오는 문장 '이제 내가 술래야'에서처럼 아이가 술래가 되어 숨은 글자 찾기 놀이를 해 본다. 숨은 글자 찾기 활동지에는 아이와 친숙한 사물이나 동물 그림에 ㄱㄴㄷㄹ… 자음을 숨겨 놓아서, 그걸 발견하면 해당 낱글자에 동그라미를 치면 된다. ㄱ에서 ㅎ까지 낱글자를 모두 찾으면 찾은 낱글자를 순서대로 소리 내어 읽으며 활동지에 제시한 ㄱㄴㄷㄹ…에 색칠을 한다. 색칠을 하면서 다시 한번 글자 모양을 확인하고, 아이가 찾은 글자를 의성어나 의태어를 포함해 리듬을 넣어 읽어 준 뒤 따라서 말하게 한다. 다시 정리하면 다음과 같다.

① 그림을 보며 ㄱㄴㄷㄹ… 숨은 글자 찾고 동그라미 표시하기
② 낱글자를 순서대로 읽으며 ㄱㄴㄷㄹ… 색칠하기
③ 의성어나 의태어를 넣어 ㄱㄴㄷㄹ…이 들어간 글자 따라 말하기

내가 술래야! 찾아라 ㄱㄴㄷ!

1. 내가 찾은 글자에 색칠을 해 보세요.

ㄱ	ㄴ	ㄷ	ㄹ	ㅁ	ㅂ	ㅅ
ㅇ	ㅈ	ㅊ	ㅋ	ㅌ	ㅍ	ㅎ

2. 내가 찾은 글자를 엄마와 함께 읽어 보세요.

ㄱ(갸릉갸릉 고양이) ㄴ(높은 나무) ㄷ(도토리 다람쥐)
ㄹ(랄랄라 라디오) ㅁ(멋진 모자) ㅂ(바스락 봉지) ㅅ(시원한 수박)
ㅇ(우하하 아이) ㅈ(줄줄이 자동차) ㅊ(초코초코 초콜릿) ㅋ(쿠우우 코끼리)
ㅌ(톡톡톡 텔레비전) ㅍ(파파파 파인애플) ㅎ(후후후 하늘)

> **유의점**
>
> 아이와 활동을 할 때는 학습 지도를 하듯이 접근하지 말고 "엄마와 글자 숨바꼭질 놀이를 해 볼까?"라고 말하며 자연스럽게 이끈다. 그림을 보고 ㄱㄴㄷㄹ… 숨은 글자를 찾을 때는 순서대로 찾기보다 먼저 발견하는 낱글자를, 예를 들어 "갸릉갸릉 고양이, 기역" 하는 식으로 소리 내어 읽어 준다. 만약 아이가 낱글자를 발견하기 어려워하면 그림책을 다시 보여 주며 "길쭉길쭉 기린의 기역을 찾아볼까?" 하고 문장을 읽어 주며 글자 모양을 다시 한번 익히도록 돕는다. 아이 스스로 발견할 수 있도록 충분히 기다려 주고, 아이의 발달 단계에 따라 처음에는 한 개만 찾아보고 다음에는 두 개를 찾아보는 등 여러 번 반복해서 놀이를 한다.

2) 과자로 얼굴 표정 만들기

ㄱ부터 ㅎ까지 한글 자음 14자를 이용하여 재미있는 표정을 만들어 보면서 한글을 익힐 수 있도록 해 주는 그림책이다. 깔깔, 냠냠, 드르렁 같은 의성어와 의태어를 표정으로 표현하여 글자를 쉽게 이해하게 해 주며, '하나 더' 코너를 통해 글자와 친해질 수 있는 다양하고 유익한 놀이를 소개하고 있다.

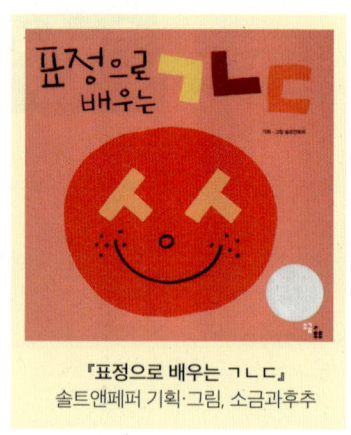

『표정으로 배우는 ㄱㄴㄷ』
솔트앤페퍼 기획·그림, 소금과후추

활동 방법

아이들이 좋아하는 여러 종류의 과자를 매개로 한글 자음이 들어간 얼굴 표정을 만들어 보는 활동이다. 그림책을 읽으며 자음으로 된 다양한 표정을 이미 접했기 때문에 아이들은 쉽고 재미있게 표정을 만들 수 있다. 특히 맛있는 과자를 이용한 놀이라서 흥미와 관심을 더 끌 수 있다.

준비물 : 뻥튀기나 토르티야(또는 둥근 접시), 다양한 과자

① 그림책을 읽으며 각각의 자음으로 만든 얼굴 표정과 낱말을 살펴본다. 'ㄱ은 깔깔, ㄴ은 냠냠, ㄷ은 드르렁' 등 한글의 자음과 해당 자음이 들어간 문장을 충분히 익힌 다음 활동을 진행한다.

② 엄마와 아이가 함께 과자를 가지고 다양한 자음 얼굴 표정을 만들되, 먼저 엄마가 아이

에게 "ㄱ이 들어간 표정을 만들어 볼까?" 하고 과제를 제시한다.

③ 아이 스스로 ㄱ이 들어간 얼굴 표정을 만든다.

④ 엄마는 아이와 함께 얼굴 표정에 어울리는 ㄱ이 들어간 문장을 생각한다. "ㄱ, 깔깔 웃어요.", "ㄱ, 낄낄 웃어요."

⑤ 아이와 함께 해당 자음으로 시작하는 낱말도 찾아본다. "이번엔 ㄱ으로 시작하는 다른 낱말도 찾아볼까? 고구마, 개미, 강아지….

⑥ ㄱ부터 ㅎ까지 여러 자음이 들어간 얼굴 표정을 만들고, 각 자음이 들어간 문장을 말한다.

⑦ ㄱ부터 ㅎ까지 다양한 자음으로 시작하는 낱말들을 찾는다. 엄마와 아이가 교대로 낱말 찾기 놀이로 진행하는 것도 좋다.

⑧ 과자로 얼굴 표정 만들기 놀이가 끝나면 놀이를 마친 소감을 아이와 함께 이야기 나눈다.

활동 예시

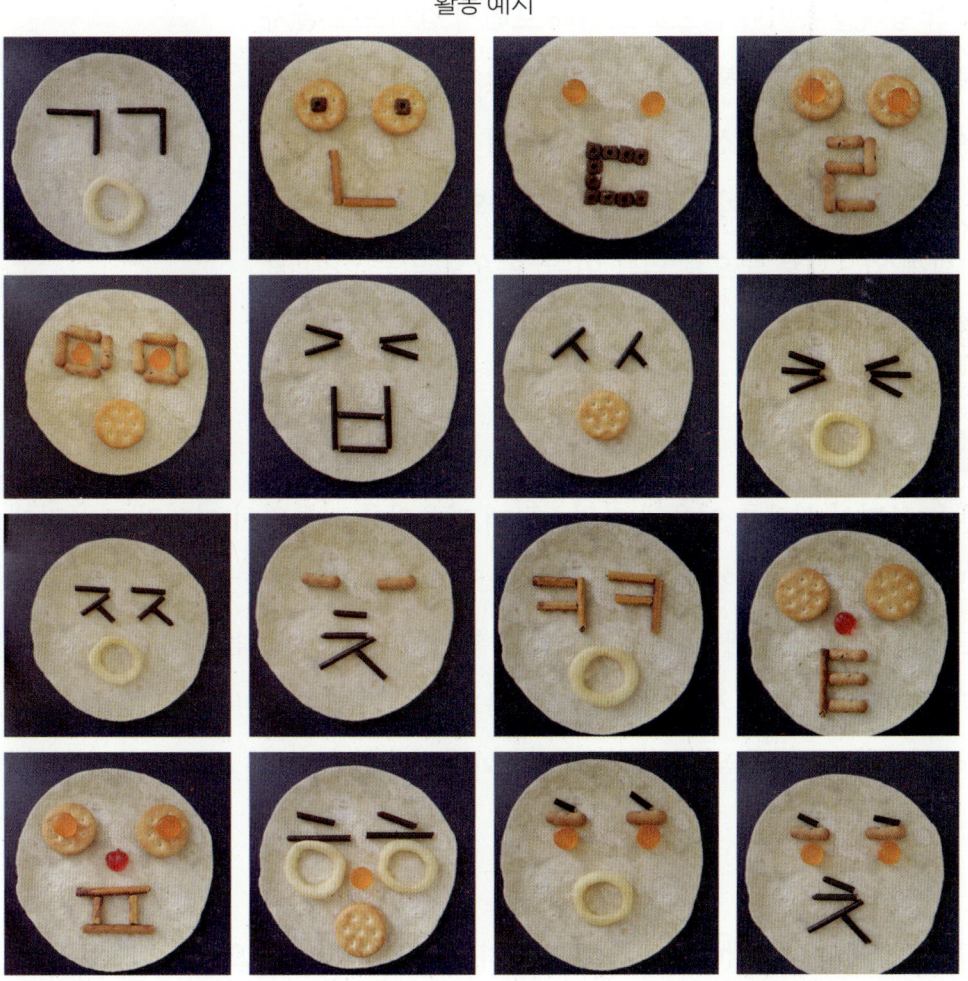

유의점

과자로 얼굴 표정을 만드는 활동이 한글 자음 익히기에만 치중하여 아이가 지루한 공부라는 인식을 갖지 않도록 주의해야 한다. 또 단순히 그림책의 표정을 그대로 따라 만드는 데 그치지 말고, 엄마와 아이가 함께 새롭고 창의적인 표정을 만들면서 한글 자음을 재미있게 익힐 수 있도록 한다. 아이가 과자로 얼굴 표정 만드는 과정을 어렵게 여긴다면 그림책을 충분히 읽으면서 자음을 익히는 시간을 더 갖는 것이 바람직하다. 그림책에서 제시한 여러 자음으로 된 의성어나 의태어를 찾는 활동이 1학년 아이에게는 조금 어려울 수도 있으므로, 엄마가 적절한 힌트를 제공하거나 미리 이야기를 충분히 나누어 보는 시간을 갖는 것이 좋다. 무엇보다 엄마와 함께 놀면서 대화하는 행복한 경험이 자연스럽게 한글 학습으로 이어질 수 있도록 해야 한다.

3) 손과 몸으로 만드는 자음자

자음자의 형태를 손이나 몸으로 표현해 보면서 감각으로 글자를 익히는 신체 놀이 그림책이다. 자음자가 신체 표현으로 제시되어 있어서, 언어 활동과 신체 활동을 아울러 경험하며 글자를 배울 수 있다. 시각 장애 아이들을 위한 점자와 기초적인 글자(묵자)가 함께 있으므로 눈으로 읽는 아이, 손으로 읽는 아이 모두 활동할 수 있다.

『손으로 몸으로 ㄱㄴㄷ』
전금하 글·그림, 문학동네

활동 방법

그림책을 보면서 신체를 이용해 자연스럽게 자음자를 만들면서 아이가 자음자에 대한 관심과 흥미를 갖도록 한다. 아이는 그림책에 나오는 자음 모양을 한 글자씩 따라 하고, 엄마는 아이의 표현을 사진으로 찍는다. 그리고 함께 확인하면서 이번에는 아이가 자음자를 손으로 따라 써 보게 한다. 주변의 사물 모양에서 자음자를 찾아서 손이나 몸으로 표현해 보고, 밤에는 침대에 누워서 빛을 이용한 그림자로 자음자 만드는 놀이를 해 본다.

준비물 : 핸드폰 카메라

① 그림책을 읽고, 그림책에 나오는 자음자의 모양을 손이나 몸으로 따라 해 본다.

② 손으로 표현을 할 때, 한 손으로 만들기 힘든 경우에는 두 손으로 한다.
③ 아이가 몸으로 자음자를 표현하면, 엄마는 그 장면을 사진으로 찍고 아이와 함께 확인해 본다. 이때 사진을 보면서 아이가 손가락으로 한 번 더 자음자를 따라 써 보게 한다.
④ 잠자리에 들기 전, 침대에서 핸드폰이나 무드 등만 하나 켜 놓고 몸으로 익힌 글자를 떠올리며 그림자 자음 놀이를 한다. 빛을 이용해 손가락으로 만든 자음자가 그림자로 나타나는 것을 확인한다.
⑤ 아이와 손이나 몸을 이용한 글자 놀이와 그림자 자음 놀이를 한 소감을 이야기 나눈다.

활동 예시

> **유의점**
>
> 글자의 형태만 보고 몸으로 똑같이 만들어 보는 놀이라서 아이가 손이나 몸으로 만드는 자음자가 활자로 된 것만큼 정확하게 나타나지 않을 수 있다. 이 과정에서 관찰과 탐구가 이루어지므로 엄마는 만드는 과정 자체를 칭찬하고 격려해 주어야 한다. 아이가 신체 놀이에 과도하게 몰입해서 자음자를 이상하게 만들거나 장난을 치더라도 너무 글자 만드는 데 집착하여 아이를 재촉하지 않도록 한다. 아이의 몸 놀이를 인정하면서 조금씩 글자 만들기에 참여할 수 있도록 이끄는 것이 중요하다. 아이가 힘들어할 경우에는 엄마가 먼저 자음자를 만들고 아이가 그걸 따라 하도록 하는 것도 하나의 방법이다.

4) 자음·모음 짝 주사위

자음과 모음 주사위를 만들어 낱말을 조합해서 읽으며 한글을 터득하는 놀이다. 재미있게 주사위 놀이를 하며 자음과 모음의 결합을 이해하고, 각각의 자음과 모음이 내는 음가와 그 소리들이 합쳐져 어떤 글자가 완성되는지 확인할 수 있다.

활동 방법

① '자음·모음 판'과 '주사위 전개도'를 자료실에서 내려받아 여러 장 인쇄한다.
② '자음·모음 판' 중 무작위로 6개를 고르고, 오려서 '주사위 전개도'에 붙인다.
③ '주사위 전개도'는 바깥 실선을 따라 가위로 오리고, 날개는 접고 풀로 붙여서 '자음·모음 주사위'를 만든다.
④ 각 주사위를 하나씩 차례대로 바닥에 굴려서 나온 자음과 모음을 연결하여 소리 내어 읽어 본다.
⑤ 주사위를 추가로 만들고 합쳐서 다양한 낱말을 조합하여 단어를 완성한다.

작품 예시

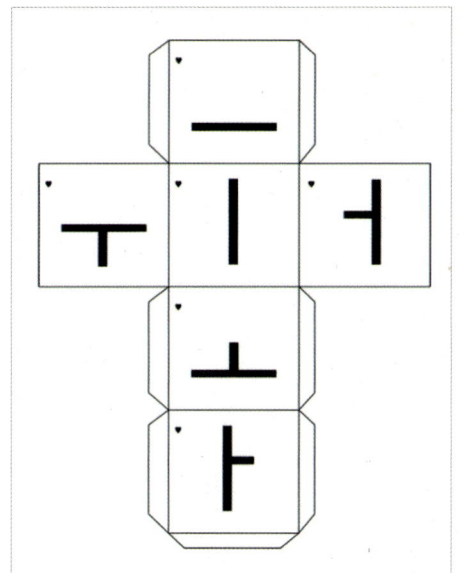

주사위 전개도

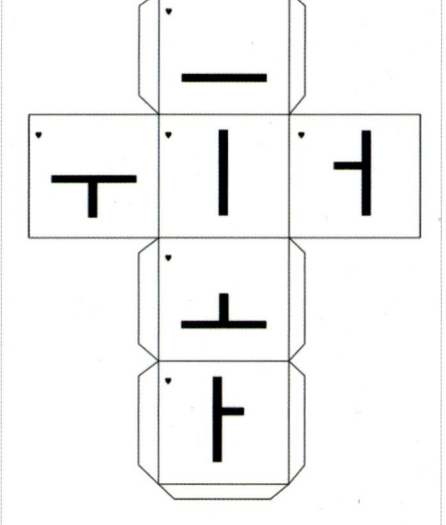

자음·모음 주사위

> **유의점**
>
> 아이가 자음과 모음을 손으로 직접 조합해서 읽으며 글자의 원리를 이해할 수 있도록 이끈다. 통 문자를 배우는 전 단계로 활용할 경우에는 자음과 모음을 조합하여 가령 'ㅎ'과 'ㅏ'가 나왔을 경우, 바로 '하'라고 소리내어 읽지 않고 'ㅎ'의 음가로 발음하여 '흐흐흐…', 'ㅏ'의 음가로 발음하여 '아아아…' 하고 따로 소리를 내 보도록 한 뒤에 둘을 합쳐서 '흐아흐아… 하'라고 읽게 한다. 자음과 모음의 조합을 알아보며 한글의 원리를 재미있게 익혔다면, 추가로 만든 주사위 놀이를 하며 다양한 글자와 단어를 완성해 본다. 아이가 잘 따라와 주면 주변의 사물이나 사람 이름을 연결하는 활동으로 이어 가도 좋다.

자음·모음 판

ㄱ	ㄴ	ㄷ
ㄹ	ㅁ	ㅂ
ㅅ	ㅇ	ㅈ
ㅊ	ㅋ	ㅌ
ㅍ	ㅎ	☺
ㅏ	ㅓ	ㅗ
ㅜ	ㅡ	ㅣ

* '자음·모음 판'은 자료실에서 QR 코드로 내려받기할 수 있습니다.

주사위 전개도

* '주사위 전개도'는 자료실에서 QR 코드로 내려받기할 수 있습니다.

⭐ 질문과 대화

한글의 자음을 알고, 다양한 단어에 숨어 있는 자음을 찾아보도록 구성한 그림책이다. 자음을 잘 모르는 아이도 그림을 보고 사물의 이름을 말하다 보면, 공통된 자음을 찾아서 자연스럽게 익힐 수 있다. 자음이 그림 속 어디에 어떻게 숨어 있는지 찾아보는 재미도 쏠쏠하다. 책을 읽은 다음에는 아이와 '사실-해석-적용' 순서로 이루어진 3단계 질문법에 따라 이야기를 주고받을 수 있다. 1단계는 책을 읽고 내용을 파악할 수 있는 가장 기초적인 '사실' 질문, 2단계는 책에 나와 있지는 않지만 내용으로 미루어 답을 짐작할 수 있는 '해석' 질문, 3단계는 내 삶에 비추어 생각해 볼 만한 질문을 제시하는 '적용' 질문이다. 『생각하는 ㄱㄴㄷ』을 읽고, 다음에 제시한 질문 예시를 참고하여 3단계 질문법에 맞춰 아이에게 질문을 하고, 대답을 듣는 과정을 진행해 본다.

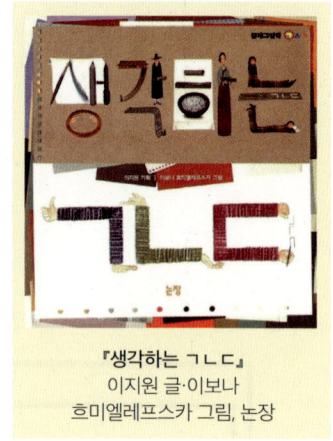

『생각하는 ㄱㄴㄷ』
이지원 글·이보나
흐미엘레프스카 그림, 논장

단계	질문 예시
1단계 (사실)	- 김씨 아저씨는 무엇을 들여다보고 있나요? - 낙타는 어디에서 느긋하게 앉아 있나요? - 마법사의 마술 지팡이가 마법을 걸면 만들어지는 마술에 'ㅁ'이 어디 어디에 있을까요?
2단계 (해석)	- 우주에는 무엇이 있을까요? - 마법사는 마술 지팡이로 어떤 마법을 걸고 있을까요? - 라일락 꽃향기는 어떨까요? - 마지막 면지의 글자는 무엇일까요?
3단계 (적용)	- 내 주변에서 찾을 수 있는 'ㄱ~ㅎ'은 무엇이 있을까요? - 내가 가장 좋아하는 초성 자음은 무엇인가요? - 한글이 만들어지지 않았다면 어떻게 되었을까요?

대화하는 순서는 각 단계의 질문을 진행하면서 융통성 있게 조절하도록 한다. 사실 질문 단계에서는 책의 내용을 제대로 읽었는지 파악하는 것이 중요하고, 해석 질문 단계에서는 사실 질문의 수준보다 심화된 내용을 생각해 보도록 하는 것이 중요하기 때문이다. 적용 단계의 질문은 책을 읽고 그 내용을 자신의 삶으로 체득하고 흡수하도록 하는 것이라서, 아이가 해석 질문까지 대답을 잘 했을 경우에 진행하는 것이 좋다. 각 단계별 예시 질문은 단지 참고하라는 것일 뿐, 부모가 다양하게 변형해서 적용하면 된다. 아이의 관심사나 최근에 경험한 내용에 맞춰 질문을 바꿔도 좋고, 제시한 질문을 모두 활용하지 않아도 괜찮다. 아이가 책의 내용을 잘 이해하고 있다면 사실 단계 질문을 짧게 건너뛰고 바로 해석과 적용 단계로 넘어가도 된다. 아이가 부모의 질문에 대답을 잘 하고 이를 즐긴다면, 부모와 아이의 위치를 바꿔서 아이가 질문하고 부모가 대답하면서 진행해도 좋을 것이다. 그리고 위 질문 예시를 참고해서 아이와 다음과 같은 대화를 나눠 볼 수도 있다.

대화 예시
1단계(사실 질문)
부모 : 책을 다 읽은 소감이 어때? 아이 : 내가 동물원에서 본 낙타가 나와서 좋았어. 부모 : 맞아, 낙타가 나왔지. 첫 장에서 김 씨 아저씨가 본 것은 무엇이었는지 기억나? 아이 : 개미를 보고 있었어. 부모 : ○○이가 좋아하는 낙타는 어디에 앉아 있었지? 아이 : 사막의 모래 위에 앉아 있었어.
2단계(해석 질문)
부모 : ○○이도 우주를 여행해 보고 싶어? 아이 : 응! 부모 : 우와~ 우리가 만약 우주여행을 한다면 우주에는 무엇이 있을까? 아이 : 우주에는 엄청 큰 블랙홀이 있어. 달도 있고 별도 있어. 부모 : 우주에서 볼 수 있는 달과 별에는 어떤 글자가 들어가 있지? 아이 : 달에는 'ㄷ', 별에는 'ㅂ'이 있어.

3단계(적용 질문)
부모 : 우리 집에서는 어떤 단어를 찾아볼 수 있을까? 아이 : 인형, 로봇, 강아지…. 부모 : 인형에는 어떤 글자가 들어가 있지? 아이 : 'ㅇ'이랑 'ㅎ'이야. 부모 : ○○이가 가장 좋아하는 글자는 뭐야? 아이 : 'ㅇ'이야. 왜냐하면 내가 가장 좋아하는 엄마랑 아빠에 'ㅇ'이 있잖아.

★ 글쓰기

엄마와 아이의 마주 이야기 : 텔레파시 단어로 문장 만들기

아이가 한글을 습득하는 과정에서 글쓰기는 매우 중요한 역할을 한다. 아름다운 한글을 보면서 이리저리 새롭게 그려 보기도 하고, 자음과 모음을 연결하여 글자를 만들어 보면서 아이의 글쓰기가 시작된다. 이 과정에서 부모는 유창한 글쓰기나 한글 습득을 강요하기보다 아이의 생각에 공감해 주고, 아이가 가진 표현 본능을 마음껏 발휘할 수 있도록 재미있는 놀이로 시작하게 해 주는 것이 중요하다.

활동 방법

'텔레파시 단어로 문장 만들기'는 처음 익힌 한글 자음에 집중하여 단어를 찾고, 서로의 생각을 알아보는 한글 놀이로 시작한다. 엄마가 찾은 단어와 아이가 찾은 단어가 얼마나 일치하는지 살펴보는 가운데 서로의 생각을 읽을 수 있고, 몰랐던 단어도 배울 수 있다. 또 찾은 단어로 함께 주고받는 문장을 만들어 봄으로써 엄마와 아이의 소통이 원활해지고 글쓰기에 대한 흥미를 키울 수 있다.

준비물 : 하트 모양 포스트잇, 활동지

① 엄마와 아이가 각자 하트 모양 포스트잇을 한 장씩 갖는다.

② 서로 보여 주지 않고 'ㄱ'이 들어 있는 단어를 생각나는 대로 많이 적는다.

③ 활동지의 하트 모양 자리에 포스트잇을 붙인다.

④ 엄마와 아이가 번갈아가며 단어를 부르고, 공통된 단어에는 동그라미를 한다.

⑤ 동그라미 표시를 한 단어를 넣어서 문장을 만든다.

유의점

단어의 초성, 중성, 종성 어디든 'ㄱ'이 들어가면 된다. 만약 공통되는 단어가 없으면 'ㄴ', 'ㄷ' 순으로 넘어간다. 공통 단어가 두 개 나오면 두 개의 단어가 들어가도록 문장을 만든다. 처음 한글을 접하는 아이라면 어려워할 수 있으므로 엄마가 시범을 보여 준다. 아직 문장 쓰기에 자신이 없는 아이의 경우에는 엄마가 대신 적어 줄 수 있는데, 이때 아이가 단어라도 직접 쓸 수 있도록 자리를 비워 둔다. 포스트잇이 없다면 활동지의 포스트잇 모양에 바로 적어도 된다.

텔레파시 단어로 문장 만들기

1. ㄱ으로 시작하는 단어를 서로 보여 주지 말고 각자 포스트잇에 쓰세요.

아이

엄마

2. 공통으로 적은 단어를 찾아서 동그라미를 하고, 그 단어를 사용해서 문장을 만들어 보세요.

엄마 :

아이 :

엄마 :

아이 :

텔레파시 단어로 문장 만들기 (예시)

1. ㄱ으로 시작하는 단어를 서로 보여 주지 말고 각자 포스트잇에 쓰세요.

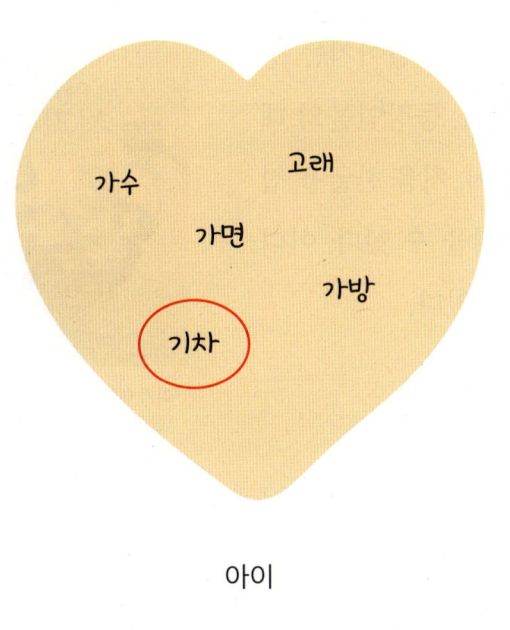

아이

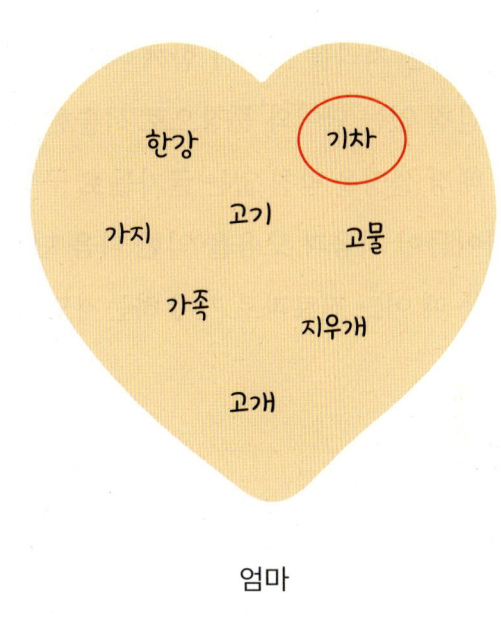

엄마

2. 공통으로 적은 단어를 찾아서 동그라미를 하고, 그 단어를 사용해서 문장을 만들어 보세요.

엄마 : (기차)를 타고 여행을 가요.

아이 : (기차)는 길어요.

엄마 : 할머니 댁에 갈 때는 항상 (기차)를 타고 가지요.

아이 : (기차) 안에서 형이랑 게임을 했어요.

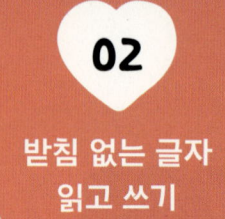

02 받침 없는 글자 읽고 쓰기

국어 1학년 1학기 4단원

글자를 만들어요

이가 아픈 자라를 토끼가 함께 치과에 데려다주면서 벌어지는 상황을 받침 없는 단어와 문장으로 서술한 그림책이다. 등장인물의 대사와 배경 설명을 받침 없는 글자들로 구성함으로써, 처음 한글을 접한 아이들이 자음과 모음을 익힌 다음 단계에서 읽을 수 있다. 어디가 아플 때 어느 진료과로 가야 하는지도 알아볼 수 있다.

『이가 아파서 치과에 가요』
한규호 글·원성현 그림,
받침없는동화

★ 독후 활동

1) 단어 카드 찾기+기억력 카드 게임

활동 방법

아이와 엄마가 그림책을 함께 읽으면서 단어 카드로 글자를 익히고, 그림책에 나오는 단어를 찾는 기억력 카드 게임으로 한글의 소리와 글자를 한 번 더 확인하는 활동이다. 그림책에 등장하는 단어 카드를 함께 색칠하고 오리면서 부모와 아이의 상호 작용이 시작되고, 다시 그림책을 읽으면서 단어 카드에 나오는 낱말을 확인하는 과정에서 자연스럽게 한글을 습득할 수 있다. 그림책은 부모가 먼저 소리 내어 읽고 아이가 따라 읽도록 하거나, 동시에 소리 내어 읽는 등 다양한 방법으로 해 본다. 한 쌍의 단어 카드를 찾으면 점수를 얻는 기억력 카드 게임을 통해서는 즐거운 놀이를 하는 가운데 한글을 익히는 효과를 얻을 수 있다.

준비물 : 도화지(색지)에 인쇄한 카드 도안, 가위, 12색 색연필 등

① QR 코드로 그림책 단어 카드 도안을 내려받아 도화지(색지)에 인쇄한다.

② 인쇄한 도안을 함께 색연필로 칠하고 테두리 선을 따라 사각으로 오린다.

③ 그림책을 함께 읽으면서 그림책에 등장하는 단어와 단어 카드를 같이 확인한다.

④ 그림책의 단어와 같은 단어 카드를 찾아서 소리 내어 읽어 본다.

⑤ 한 쌍으로 만든 같은 단어 카드를 모두 섞고 바닥에 카드를 뒤집어 놓는다.

⑥ 순서를 정한 뒤, 자신의 차례가 되었을 때 카드 두 장을 동시에 펼쳐 보고 같은 단어 카드가 나오면 카드를 가져간다. 기회를 한 번 더 얻는다.

⑦ 두 장을 동시에 펼쳤을 때 서로 다른 단어가 나오면 다시 뒤집어 놓는다. 순서는 다음 사람에게 넘어간다.

작품 예시

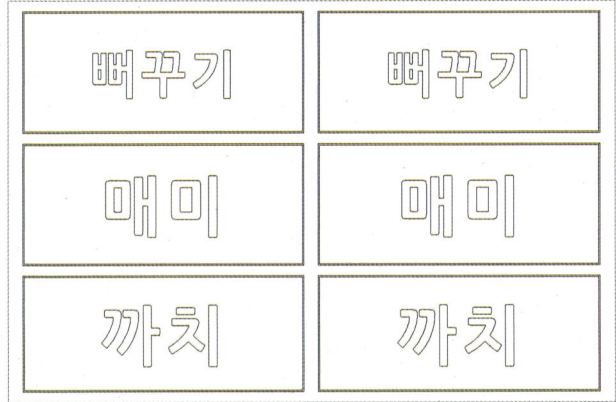

그림책 단어 카드

기억력 카드 게임

유의점

그림책을 읽어 주면서 동시에 단어 카드로 해당 단어의 소리와 글자 모양을 익히도록 유도하는 것이 핵심이다. 기억력 카드 게임을 할 때는 단어 카드를 두께가 있는 도화지나 색지에 인쇄하여 글자가 비치지 않도록 주의한다. 활동지 마지막의 공란 단어 카드에는 아이가 궁금해하는 단어를 적어 주거나, 그림책에 등장하는 말로 단어 카드를 추가하여 게임을 새롭게 할 수 있다. 게임을 거듭할수록 단어에 익숙해지도록, 친근하고 즐거운 분위기 속에서 학습에 대한 부담감을 줄여 주는 것이 효과적이다.

그림책 단어 카드

뻐꾸기	뻐꾸기	코끼리	코끼리
매미	매미	코스모스	코스모스
까치	까치	데이지	데이지
메추리	메추리	해바라기	해바라기
나비	나비	고구마	고구마
카나리아	카나리아	두부	두부
자라	자라	파	파
토끼	토끼	치과	치과
노루	노루		

* '단어 카드' 도안은 자료실에서 QR 코드로 내려받기할 수 있습니다.

2) 자음·모음 말판 놀이

활동 방법

글자가 '자음+모음'의 구조로 이루어져 있다는 사실을 습득한 이후에, 놀이로 즐겁게 글자의 짜임을 복습하는 활동이다. 말판 놀이는 놀이에 쓸 말판만 있다면 가정에서 쉽게 할 수 있는 간단한 보드게임의 형태이며, 규칙이 쉬워서 온 가족이 함께 즐길 수 있다. 자음과 모음이 적힌 말판에 도착하면 해당하는 자음과 모음의 이름을 말한 뒤, 그 자음과 모음이 들어가 있는 단어를 말하면 된다.

준비물 : 말판, 말, 주사위

① 각자 말 역할을 할 물건(예 : 지우개)을 정하고, 놀이를 진행할 순서를 정한다.
② '가위바위보'를 무엇으로 이겼느냐에 따라서 말을 움직인다(주먹 한 칸, 가위 두 칸, 보 세 칸 이동). 주사위가 있는 경우에는 주사위를 굴려서 나온 눈의 수만큼 움직인다.
③ 말이 도착한 칸의 자음자나 모음자의 이름을 큰 소리로 읽는다.
④ 말이 도착한 칸의 자음자나 모음자가 들어간 단어를 말한다. 통과한 경우에는 말을 그 자리에 둘 수 있다. 통과하지 못하면 이전 위치로 돌아간다.
⑤ 말이 최종 지점에 먼저 도착한 사람이 이긴다.

유의점

말판 놀이를 할 때는 아이가 실생활에서 친숙하게 접하는 낱말들을 다루어야 활동에 흥미를 잃거나 부담을 느끼지 않는다. 그림책『이가 아파서 치과에 가요』를 옆에 놓고, 아이가 단어를 말하기 전에 그림책을 살펴볼 수 있도록 기회를 주어도 좋다. 처음에는 그림책에 나온 단어를 말하게 하다가 점차 그림책에 등장하지 않는 단어로까지, 범위를 넓혀 나가도록 이끈다.

자음·모음 말판 놀이 : 부모님과 함께 자음·모음 말판 놀이를 해 보세요.

자음+모음 말판 놀이

1. ✊:1칸 ✌:2칸 🖐:3칸 모든 주사위를 던져 나온 수만큼 말을 움직인다.
2. 도착한 칸의 자음자나 모음자의 이름 큰 소리로 읽기
   (예 : ㄱ '기역' / ㅏ '아')
3. 도착한 칸의 자음자나 모음자가 들어간 단어를 말한다.
   (그림책에 나온 단어도 가능, 그 외의 단어도 가능, 그림책에서 찾기 가능)

* '자음+모음 말판 놀이'는 자료실에서 QR 코드로 내려받기할 수 있습니다.

⭐ 질문과 대화

1) 사실 질문

토끼가 우는 이유가 뭘까요?

다리가 아팠던 친구는 누구였나요?

이가 아픈 동물은 누구인가요?

2) 해석 질문

돌아오는 길엔 어떻게 되었을까요?

이가 아픈 자라의 마음은 어땠을까요?

토끼는 왜 자라를 도와줬을까요?

3) 적용 질문

나라면 다리가 아플 때 어떻게 할까요?

아픈 친구를 도와준 경험이 있나요?

아픈 친구를 보면 어떻게 해야 할까요?

⭐ 글쓰기

그림책에 나오는 단어 연결해서 이야기 만들기

그림책은 이가 아파서 치과에 간 동물 친구들의 이야기를 다루고 있지만, 자세히 살펴보면 다양한 사물이 함께 제시되어 있다. 따라서 아이와 책을 읽으면서 동물뿐만 아니라 사물을 지칭하는 단어들을 알아볼 수 있다. 또 받침이 없는 글자로만 문장이 쓰여 있어서 낱말과 문장을 읽고 따라 써 보는 활동을 하기에 적합하다. 그림책에 나오는 단어들 가운데 아이가 좋아하는 것 몇 개를 뽑아서 따라 쓰게 하고, 이 단어들을 활용하여 자유롭게 이야기를 상상해서 글로 써 보도록 한다.

글쓰기 방법

　우선 책을 읽고 나서 가장 기억에 남는 단어를 뽑아 보도록 한다. 만약 기억에 남는 단어가 없다면 다시 책을 읽으며 가장 마음에 드는 단어를 네 개 정도 뽑아 보도록 유도한다. 그리고 아이가 뽑은 단어를 넣어서 함께 이야기를 엮어 본다.

준비물 : 활동지

① 책을 읽고 마음에 드는 단어를 네 개 뽑는다.
② 자신이 뽑은 단어 네 개를 활동지에 따라 써 본다.
③ 자신이 뽑은 단어 네 개를 활용하여 새로운 이야기를 상상하여 만들어 본다.

유의점

초등학교 1학년은 아직 글씨 쓰기가 어려울 수 있다. 글씨 쓰기가 자유로운 상상력을 막지 않도록 어려운 글자는 부모님이 도와서 써 주도록 한다. 아이가 말을 하고, 부모님이 그 말을 받아 적는 방식으로 해도 좋다. 아이가 단어 네 개로 자유롭게 이야기를 잘 만든다면 단어의 수를 늘려서 쓰게 한다.

그림책에 나오는 단어 연결해서 이야기 만들기

1. 그림책을 보고 가장 좋아하는 단어를 네 개 뽑아서 써 보세요.

2. 내가 쓴 단어 네 개를 활용해서 자유롭게 이야기를 꾸며 보세요.

그림책에 나오는 단어 연결해서 이야기 만들기 (예시)

1. 그림책을 보고 가장 좋아하는 단어를 네 개 뽑아서 써 보세요.

까치	나비
해바라기	고구마

2. 내가 쓴 단어 네 개를 활용해서 자유롭게 이야기를 꾸며 보세요.

해바라기에서 좋은 냄새가 나서 나비가 몰려들었어.

나비가 해바라기 위에 앉아 있는데 하늘에는 까치가 날아다녀.

나비는 해바라기를 좋아하는데 까치는 고구마를 좋아해.

그래서 땅에 떨어진 고구마를 쪼아 먹어.

03 인사말 배우기

국어 1학년 1학기 5단원

다정하게 인사해요

매번 마주치는 이웃도 서먹하기만 한 요즘 세상에 주인공 민철이가 나눠 준 인사 덕분에 어색함이 반가움으로 바뀌게 된다는 내용을 담고 있다. 민철이의 인사는 이웃에서 학교로 그리고 개미와 강아지에게로 이어지며 우리가 살아가는 세상을 더 따뜻하고 밝게 만들어 준다. 아이들에게 인사의 중요성을 알려 주는 책이다.

『인사를 나눠 드립니다』
이한재 글·그림, 킨더랜드

★ 독후 활동

1) 인사말 말판 놀이

활동 방법

먼저 아이와 그림책을 읽으며 주인공 민철이가 어떻게 인사하는지, 인사를 한 이후에 주변 분위기가 어떻게 바뀌었는지 살펴본다. 이어서 그림책을 한 번 더 읽으며 주인공이 한 인사를 아이가 해 보도록 한다. 그림책을 다 읽은 다음에는 인사의 중요성에 대해 이야기 나누고, 인사를 할 만한 상황을 제시한 말판을 이용해 말판 놀이를 한다. 말판 놀이를 통해 다양한 상황에서 나누는 인사말을 연습할 수 있다.

준비물 : 말판, 등장인물 캐릭터 놀이 말

① 등장인물 캐릭터 놀이 말을 두 개씩 나누어 가진다(두 번째 독후 활동에 나오는 '손가락 인형'을 만들어 활용하면 된다).

② 가위바위보를 해서 가위로 이기면 한 칸, 바위로 이기면 두 칸, 보로 이기면 세 칸 이동

한다.

③ 해당하는 자리의 상황에 알맞은 인사말을 한다.

④ 인사말이 맞으면 통과, 틀리면 원래 있던 자리로 돌아간다.

⑤ 도착 자리에 다다르면 새로운 놀이 말로 다시 출발한다.

⑥ 놀이 말 두 개가 모두 도착하면 알맞은 인사하기 성공!

유의점

인사하기 말판 놀이를 하다 보면 아이는 상황에 맞는 인사말을 하기보다 놀이 말을 이동하는 데만 집중할 수 있다. 말을 하나씩 옮기면서 말판에 제시된 상황을 자연스럽게 만들어 주어 아이가 상황에 맞는 인사말을 하면서 놀이를 즐길 수 있도록 이끈다. 그렇다고 인사말하기에만 치우칠 필요는 없다. 제대로 인사말을 하지 않았다고 나무라거나 빨리 상황에 맞는 인사말을 하라고 재촉하면 긴장해서 놀이 활동에 집중하지 못하게 된다. 인사말을 하는 다양한 상황을 즐기면서 배울 수 있도록, 놀이를 통해 인사의 의미를 알도록 하는 것이 중요하다.

인사말 말판 놀이 : 부모님과 함께 인사말 말판 놀이를 해 보세요.

앞으로 2칸	실수로 친구에게 피해를 주었을 때	(미션) 엄마에게 "저와 즐겁게 말판 놀이를 해 주셔서 감사해요." 인사하기	학교에서 선생님을 뵈었을 때	이웃집에 새 식구가 이사 왔을 때
가게에서 물건을 사고 나올 때				놀이터에서 친구를 만났을 때
엘리베이터에서 만나는 어른께		도착		뒤로 3칸
뒤로 1칸				
학교에 가면서 집안 어른께	수업이 끝나고 친구들과 헤어질 때		친구가 나에게 도움을 주었을 때	(미션) 엄마께 하트를 그려 보이며 "사랑해요!" 인사하기
아침 식사를 하며 엄마께	전화를 걸었을 때		앞으로 1칸	
부모님 또는 어른께 아침에 일어나	울고 있는 친구를 위로해 줄 때		점심시간에 급식을 먹을 때	
출발	오늘이 생일인 친구에게	(미션) 인사가 필요한 이유 한 가지 이야기하기!	길을 걸어가다 이웃집 어른을 만났을 때	밖에 나갔다 집에 돌아왔을 때 집안 어른께

① 놀이 말을 두 개씩 나누어 가진다(손가락 인형을 만들어 활용한다).
② 가위바위보를 하여 가위로 이기면 한 칸, 바위로 이기면 두 칸, 보로 이기면 세 칸 이동한다.
③ 해당하는 자리의 상황에 알맞은 인사말을 한다.
④ 맞으면 통과, 틀리면 원래 있던 자리로 돌아간다.
⑤ 도착 자리에 다다르면 새로운 놀이 말로 다시 출발한다.
⑥ 놀이 말 두 개가 모두 도착하면 알맞은 인사하기 성공!

* '인사말 말판 놀이'는 자료실에서 QR 코드로 내려받기할 수 있습니다.

2) 상황에 맞는 인사말하기

> **활동 방법**

그림책 속 주인공 민철이가 엘리베이터 안, 학교 가는 길, 집으로 돌아오는 길에 다른 사람과 나누는 인사 장면을 보며 아이는 자연스럽게 상황에 따른 인사말을 배우게 된다. 그림책에서 익힌 인사말을 활용해 아이와 상황에 맞는 인사말을 연습하는 활동이다. 민철이를 비롯한 이웃과 친구들, 선생님과 버스 기사님, 개미와 강아지 같은 등장인물을 손가락 인형으로 만들어 역할극하듯이 인사말을 연습해 본다.

준비물 : 색종이, 도화지, 가위, 풀이나 테이프, 채색 도구

① 색종이를 4분의 1 크기로 잘라 손가락 굵기에 맞게 기둥 모양으로 말아 풀이나 테이프로 붙인다.
② 도화지에 그림책 속 등장인물을 그린 뒤 색칠하고 가위로 오린다(그리기가 어려운 경우, 자료실의 등장인물 도안을 인쇄한 뒤 오려서 사용한다).
③ ①번에서 만들어 놓은 기둥 모양 색종이의 윗부분에 등장인물을 앞뒤로 붙인다.
④ 완성한 손가락 인형을 엄마와 아이가 나누어 끼고, 그림책의 장면들을 떠올리며 상황에 맞는 인사말 놀이를 한다.

작품 예시

색종이 말아 붙이기 등장인물 그리기 등장인물 색칠하기 오려서 붙이기

유의점

아이와 인사말 놀이를 할 때는 아이가 민철이 역할을, 엄마가 다른 등장인물 역할을 하며 아이의 인사말에 적절하게 대답해 준다. 놀이를 거듭하다가 그림책 속 상황 외에도 다른 상황을 제시하며 인사말 연습을 해 보고, 또 엄마와 아이가 역할을 바꾸어서도 해 본다. 그림책에서는 등장인물들이 민철이의 인사를 받은 뒤에 어두운(검은색) 얼굴에서 밝은(컬러) 얼굴로 변해 가는데, 이 점에 착안하여 손가락 인형의 앞뒤에 인사를 받기 전과 후의 등장인물을 함께 붙인다. 민철이의 인사를 받은 뒤에 표정이 바뀌는 놀이를 하면서 인사가 미치는 영향을 깨달을 수 있다.

상황에 맞는 인사말하기

1. 부모님과 함께 '인사를 나눠 드립니다' 손가락 인형극을 해 보세요.

인형극 대본(예시)

민철 : 아저씨, 안녕하세요.
이웃 아저씨 : 그래, 안녕!

민철 : 할머니, 안녕하세요.
할머니 : 그래, 기분이 좋아 보이는구나.

민철 : 철수야, 학교 같이 가자.
철수 : 응, 민철아.

민철 : 누렁아, 안녕!
누렁이 : 왈왈!

민철 : 아주머니, 고맙습니다.
아주머니 : 그래, 맛있게 먹어라.

민철 : 아저씨, 고맙습니다.
친구들 : 아저씨, 조심히 가세요.
버스 기사님 : 네, 안녕히 가세요.

2. 내 마음대로 써 보기

인형극을 한다면 누구 역할을 하고 싶은가요? 역할에 맞는 인사말을 연습해 보세요.

(민철) :
(   ) :
(   ) :
(   ) :

3. 내가 만든 이야기에 나오는 주인공을 골라 색칠한 후 가위로 오려 주세요.

민철	이웃 아저씨	할머니	친구	철수	버스 기사님

* '등장인물' 캐릭터 도안은 자료실에서 QR 코드로 내려받기할 수 있습니다.

⭐ 질문과 대화

1) 사실 질문

민철이가 만난 사람들은 누구누구인가요?(각각의 장소에서 만난 사람들)

민철이가 했던 인사말은 무엇인가요?

민철이가 인사했던 장소는 어디인가요?

2) 해석 질문

버스 기사님은 민철이의 인사에 왜 대답을 하지 않았을까요?

민철이는 버스 기사님에게 인사를 할 때 왜 머뭇거렸을까요?

민철이의 인사를 받은 사람들의 마음은 어땠을까요?

3) 적용 질문

인사를 하면 어떤 마음이 드나요?

인사를 할 때의 표정과 말투는 어떠해야 할까요?

바르고 고운 말을 사용해야 하는 이유는 무엇일까요?

⭐ 글쓰기

상황에 따른 인사말 찾아 쓰기

요즘 아이들은 아는 사람을 만나도 인사를 하지 않는 경우가 종종 있다. 인사를 하더라도 상황에 맞는 적절한 인사말을 찾는 데 어려움을 느끼기도 한다. 예를 들면 길을 가다가 몸이 부딪혔을 때 '미안합니다.' 라는 말은 평소에 자주 해 보지 않으면 자연스럽게 나오지 않는다. 인사를 해야 하는 다양한 상황을 제시하고, 어떤 인사말을 해야 할지 소리 내어 말하고 글로 써 보는 연습이 필요하다. 아이가 글쓰기를 어려워한다면 먼저 소리 내어 인사하는 연습을 충분히 한 뒤에 인사말을 보여 주고, 그중에서 골라서 따라 써 보게 한다.

글쓰기 방법

준비물 : 활동지

① 먼저 활동지 윗부분의 일곱 가지 인사말을 따라 읽는다.

② 인사말을 충분히 익혔으면 활동지 아래에 있는 다섯 가지 상황 가운데서 한 가지를 고르게 한다.

③ 선택한 상황에서 어떤 인사말을 해야 할지 추측해 본다.

④ 추측한 내용을 바탕으로 일곱 가지 인사말 중에서 적절한 것을 고른다.

⑤ 고른 인사말을 상황 옆에 적는다.

유의점
1학년 1학기에는 한글 쓰기를 본격적으로 시작하지 않는다. 따라서 아이 스스로 단어나 문장을 쓰도록 강조하는 것보다 먼저 부모와 인사말에 대한 이야기를 충분히 나누는 것이 좋다. 그런 다음 인사말 단어를 오려서 펼쳐놓고 적절한 인사말을 골라 보도록 한다.

상황에 따른 인사말 찾아 쓰기

다음은 인사를 나타내는 말입니다.
상황에 알맞은 인사말을 찾아서 써 보세요.

감사합니다.
안녕하세요?
미안합니다.
축하합니다.
수고하세요.
고맙습니다.
다녀왔습니다.

학교에서 집으로 돌아왔을 때 :

길을 가다가 다른 사람과 부딪혔을 때 :

옆집에서 음식을 나눠 주셨을 때 :

집 앞에서 친구 부모님을 만났을 때 :

친척 집에 귀여운 아기가 태어났을 때 :

상황에 따른 인사말 찾아 쓰기 (예시)

다음은 인사를 나타내는 말입니다.
상황에 알맞은 인사말을 찾아서 써 보세요.

감사합니다.
안녕하세요?
미안합니다.
축하합니다.
수고하세요.
고맙습니다.
다녀왔습니다.

학교에서 집으로 돌아왔을 때 : **다녀왔습니다.**

길을 가다가 다른 사람과 부딪혔을 때 : **미안합니다.**

옆집에서 음식을 나눠 주셨을 때 : **고맙습니다. / 감사합니다.**

집 앞에서 친구 부모님을 만났을 때 : **안녕하세요?**

친척 집에 귀여운 아기가 태어났을 때 : **축하합니다.**

04 촉감 놀이하기

국어 1학년 1학기 6단원

받침이 있는 글자

어릴 적 하늘 위를 흘러가는 구름을 보며 이름을 붙여 본 경험이 있듯이, 구름은 갖자기 모양과 빛깔을 내며 아이들의 상상력에 날개를 달아 준다. 이 책에는 한 장씩 넘길 때마다 구름으로 만든 새로운 동물들이 나와 구름 나라에서 상상의 공간을 만들어 가고, 여기에 흉내 내는 말이 더해진다. 아이들이 즐겁게 구름 놀이를 하면서 받침이 있는 낱말을 익힐 수 있도록 돕는다.

『구름 놀이』
한태희 글·그림, 미래엔아이세움

★ 독후 활동

1) 나만의 구름 나라 만들기

〔활동 방법〕

그림책을 읽고 하늘 위에 떠 있는 구름을 찾아서 집 밖으로 나간다. 다양한 구름을 살펴보고, 그 모양과 빛깔에 따라 상상력을 발휘하여 이름을 생각해 본다. 이때 카메라로 구름의 모습을 찍어 두면 좋다. 구름 나라 나들이를 마치고 돌아와서는 내가 본 구름을 그리거나 만들어서 표현하고, 구름에 이름을 지어 주는 활동을 한다. 그리고 구름의 이름을 공책에 쓰고 읽어 본다.

준비물 : 카메라, 도화지, 물감, 붓, 가위, 풀 등

① 야외로 나가 다양한 모양의 구름을 찾아보고 카메라로 찍는다.

② 내가 찾은 구름에 어떤 이름을 지어 줄지 생각한다.

③ 집에 돌아와 흰색 도화지에 붓으로 충분히 물을 바른다.

④ 원하는 색의 물감을 붓에 묻혀 물을 바른 도화지에 칠한다(물을 발라 놓은 도화지에 물감이 자연스럽게 번져 나가게 한다).

⑤ 물감이 마르면 구름 나라에 초대하고 싶은 구름을 그려서 오린다.

⑥ 완성한 구름을 활동지에 붙이고 흉내 내는 말을 넣어 이름을 지어 준다. 그 이름을 글씨로 쓴다.

작품 예시

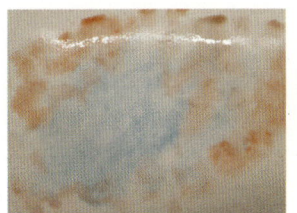   

도화지에 물 바르고 물감 칠하기 / 물감 말리기 / 원하는 구름 모양 그리기 / 구름 나라 꾸미고 구름 이름 쓰기

유의점

이 활동은 구름을 관찰하기에 적합한 가을날에 하는 게 좋다. 다양한 모양의 구름을 눈으로 보고, 이를 사진으로 찍어 두면 관찰을 마치고 집으로 돌아와 아이가 구름 나라를 꾸밀 때 기억을 되살리기 쉽다. 야외로 나가서 구름을 관찰하기 어려운 경우에는 구름을 찍은 사진 등을 검색해서 활동한다. 구름을 표현할 때는 물감을 이용한 습식 수채화 대신 색연필 등 다른 채색 도구를 이용하거나 색종이로 대신해도 된다. 구름에 이름을 지어 주고 글로 쓰는 활동을 할 때는 '어슬렁어슬렁, 호랑이 구름' 하는 식으로 흉내 내는 말을 넣도록 한다.

나만의 구름 나라 만들기

1. 부모님과 함께 본 구름 모양을 떠올려 나만의 구름을 그려 보세요.
   (내가 그리거나 만든 구름을 오려서 붙여도 돼요.)

2. 내가 표현한 구름에 흉내 내는 말을 넣어 이름을 지어 주세요.

2) 밀가루 반죽으로 구름 모양 만들기(촉감 놀이)

활동 방법

그림책 속 주인공처럼 밀가루 반죽으로 구름 모양을 빚어 보는 활동이다. 실제 구름 모양과 똑같이 만들 수는 없겠지만, 일단 밖으로 나가 아이와 함께 구름의 모양을 관찰하고 집으로 돌아온다. 밀가루에 물을 섞어 진득한 반죽을 만들고, 아이가 만들고 싶은 구름 모양으로 빚도록 한다. 밀가루를 반죽하는 과정에서 소근육 발달을, 구름 모양을 빚는 과정에서 창의력 향상을 꾀할 수 있다. 놀이가 끝나면 쟁반에 반죽을 올려놓고 활동에 대한 소감을 나눈 뒤, 수제비를 해 먹으며 즐거운 시간을 가져도 좋다.

준비물 : 밀가루, 물, 접시, 쟁반

① 그림책을 읽고 난 뒤 하늘을 보며 어떤 구름 모양이 보이는지 이야기한다.
② 구름을 손으로 만질 수 있다면 어떤 모양을 만들고 싶은지 생각한다.
③ 밀가루에 물을 섞어 반죽을 만든다.
④ 밀가루 반죽을 구름이라 생각하고 내가 만들고 싶은 구름 모양을 빚어 본다.
⑤ 다 만든 구름 모양을 쟁반 위에 올려놓고 엄마와 함께 무엇을 만든 것인지 즐겁게 이야기 나눈다.
⑥ 상황이 되면 밀가루 반죽으로 수제비를 해 먹는다.

작품 예시

쟁반 위 다양한 구름 모양(예시)			
♡	☆	○	♣
하트	별	동그라미	클로버

유의점

이 활동을 할 때는 아이가 창의성을 최대한 발휘할 수 있도록 아이에게 많은 질문을 던진다. "어떤 모양을 만들고 싶어?", "이건 무슨 모양이야?" 등과 같이 아이가 쉽게 대답할 수 있는 질문으로 시작하는 것이 좋다. 아이가 활동에 흥미를 보이면 식용 색소를 준비해서 더 다채로운 구름 모양을 빚도록 유도한다. 부모가 다 만들어 주지 말고, 조금 서툴러도 아이가 직접 만들어 보게 하는 것이 중요하다.

밀가루 반죽으로 구름 모양 만들기

1. 내가 만든 밀가루 구름 모양을 쟁반 위에 올려놓아 보세요.

2. 내가 만든 구름이 어떤 모양인지 설명해 보세요.

★ 질문과 대화

1) 사실 질문
주인공은 구름으로 무엇을 만들었나요?
토끼 구름이 도망간 이유는 무엇일까요?
동물들은 다시 와서 무엇을 했나요?

2) 해석 질문
구름 놀이를 하는 주인공은 기분이 어땠을까요?
아이는 왜 솜사탕을 만들었을까요?
아이는 왜 구름 놀이를 할까요?

3) 적용 질문
만약 나라면 구름으로 무엇을 만들고 싶은가요? 이유는 무엇인가요?
하늘에서 내가 찾은 특별한 구름이 있다면 어떤 구름인가요?
마지막 장면의 손으로 받치고 있는 구름으로 무엇을 할 수 있을까요?

★ 글쓰기

받침 있는 글자와 흉내 내는 말을 넣어 동시 쓰기

아이는 글자를 배울 때 받침 없는 글자와 받침 있는 글자를 시각적으로 구분하기 어려워하고, 받침에 따라 소리가 달라지면서 의미도 달라진다는 것을 이해하기 힘들어한다. 교육과정에서는 사람이나 사물의 소리를 흉내 낸 말(의성어)과 사람이나 사물의 모양이나 태도, 행동을 묘사한 말(의태어)을 이용하여 받침 있는 글자를 바르게 쓰면서 익히도록 제시하고 있다. 흉내 내는 말, 즉 의성어와 의태어를 사용하여 받침 있는 글자를 배우면 아이들도 재미있게 글자를 익히고, 글자가 쓰이는 다양한 상황을 쉽게 받아들일 수 있다. 흉내 내는 말을 넣어 동시를 쓰는 활동까지 하고 나면, 받침 있는 글자를 일상생활에 활용하는 단계로까지 아이들의 사고를 확장할 수 있다.

흉내 내는 말을 넣어 동시 쓰는 방법

그림책에 나오는 흉내 내는 말을 엄마와 함께 몸으로 표현하면서 단어의 의미를 알게 하고, 활동지에 바른 글씨로 써 보도록 한다. 아이와 함께 구름을 보았던 경험을 나누며 구름을 어떻게 표현하면 좋을지 이야기하고, 구름을 표현할 흉내 내는 말을 생각해 보게 한다. 아이가 어려워할 경우, 텔레비전 만화 〈구름빵〉의 주제곡을 함께 들어 보고 '구름빵'을 어떻게 표현했는지 알아본다. 그리고 아이가 생각한 '구름빵'을 흉내 내는 말로 직접 표현해 보도록 한다. 아이가 흉내 내는 말을 넣어서 구름을 표현하고, 그것을 이어서 쓰면 동시가 된다.

준비물 : 활동지

① 그림책에 나오는 '팔랑팔랑', '깡충깡충', '어슬렁어슬렁' 같은 단어를 보고 엄마와 함께 몸으로 표현한다.
② '아롱다롱'의 의미를 찾아보고, '아롱다롱' 모양을 표현한 그림책 장면을 함께 본다.
③ 활동지에 제시한 받침이 있는 흉내 내는 말을 바른 글씨로 따라 쓴다.
④ 구름과 관련한 경험을 떠올리며 연상한 단어나 느낌을 이야기한다.
⑤ 구름과 관련한 단어 또는 경험과 어울리는 흉내 내는 말을 찾아본다.
⑥ 구름을 주제로 흉내 내는 말을 넣어서 이야기하고, 한 문장 한 문장을 이어서 쓴다. 줄을 바꾸어 가면서 동시 형식으로 쓰도록 한다. 그림을 그려도 된다.

유의점

글씨를 똑바로 쓰기 위해서는 연필을 바르게 잡고 손에 힘을 주어 선을 긋는 연습부터 하고, 한 칸을 넷으로 나눈 쓰기 공책의 위치를 생각하며 자음과 모음, 받침을 쓰도록 한다. 구름과 관련한 흉내 내는 말을 찾기 어려워하는 아이에게는 그림책에 나오는 흉내 내는 말을 그대로 써 보게 하는 것이 좋다. 동시는 짧으면서도 노래를 부르듯이 즐겁게 만들 수 있지만 창의적 사고가 필요한 활동이므로, 아이가 자신감을 가지고 즐겁게 참여할 수 있도록 칭찬과 격려를 해 주는 것이 중요하다. 구름과 관련한 동요를 틀어 주고 가사만 바꾸어 쓰게 해도 상관없다.

받침 있는 글자 바른 글씨로 따라 쓰기

팔랑팔랑 팔랑팔랑
깡충깡충 깡충깡충
어슬렁어슬렁
어슬렁어슬렁
아롱다롱 아롱다롱

* 아롱다롱 : 여러 가지 빛깔의 작은 점이나 줄 따위가 고르지 아니하고 촘촘하게 무늬를 이룬 모양(국립국어원 표준국어대사전).

흉내 내는 말을 넣어 동시 쓰기

제목 :

흉내 내는 말을 넣어 동시 쓰기 (예시)

제목 : 내 친구 구름

폴짝폴짝 뛰어노는 강아지 구름

살금살금 다가오는 고양이 구름

푸드득 날아가는 비둘기 구름

폭신폭신 부드러운 양 구름

함께 놀자 내 친구 구름들아

05 다른 사람 입장 이해하기

국어 1학년 1학기 8단원

소리 내어 또박또박 읽어요

강아지 복실이를 몹시 좋아하는 동생과 복실이에 대한 강한 권리를 주장하는 누나가 티격태격하는 상황을 표현한 그림책이다. 복실이를 소유하지 못하는 동생은 상상의 세계에서 다양한 동물과 놀이를 하고 현실로 돌아오곤 한다. 아이들의 심리와 일상의 모습이 잘 드러나 있어 부모와 아이가 공감하며 함께 읽기 좋다.

『강아지 복실이』
한미호 글·김유대 그림,
국민서관

★ 독후 활동

1) 그림책의 글과 그림 읽기

활동 방법

아이와 함께 그림책을 천천히 소리 내어 읽으면서 그림들을 자세히 살펴보고, 글에 등장하는 문장 부호도 찾아본다. 『강아지 복실이』에는 집 안의 모습이 생생하게 표현되어 있고, 또 여러 동물의 모습이 익살스럽게 그려져 있어 아이와 함께 그림을 살펴보기에 좋다. 또 문장 부호인 마침표, 쉼표, 물음표, 느낌표, 큰따옴표가 많이 나와서 문장 부호를 알아보기에도 적합하다. 문장 부호를 찾으면서 그 쓰임새와 띄어 읽는 방법을 배울 수 있다.

준비물 : 활동지, 필기도구 등

① 『강아지 복실이』에서 한 장면을 고른다.
② 장면을 보고, 이를 설명하는 간단한 문장을 세 개 쓴다.
③ 활동지에 제시한 문장에서 문장 부호를 찾아 ○표를 하고, 문장 부호의 이름을 말한다.

④ 제시한 문장에 알맞게 쐐기표를 한다.
⑤ 글을 바르게 띄어 읽는다.

> **유의점**
> 아직 글쓰기 경험이 부족한 아이는 설명하는 문장을 쓰는 것이 어려울 수 있다. 이때는 먼저 말로 표현하게 하고, 그것을 엄마가 받아 적은 다음, 다시 아이가 글로 쓰도록 하면 학습 부담을 덜어 줄 수 있다. 문장을 읽을 때는 유창하게 읽는 것보다 바르게 띄어 읽는지를 중점적으로 보는 것이 중요하다.

『강아지 복실이』 장면 설명하고, 바르게 띄어 읽기

1. 위 그림은 『강아지 복실이』의 한 장면입니다. 이 장면을 설명하는 간단한 문장 세 개를 만들어 보세요.

2. 다음 문장에 나오는 문장 부호에 ○표를 하고, 띄어 읽을 부분에 쐐기표를 해 보세요.

* ∨ (쐐기표) : 쉬어 읽어요.
* ⩔ (겹쐐기표) : 조금 더 길게 쉬어요.

어디를 가든지 복실이가 따라와요.
복실이도 나랑 놀고 싶은가 봐요.
어떻게 하지요?
"누나! 내 크레파스 써도 돼!"
"그래? 그럼 복실이랑 놀아도 돼!"
나는 복실이가 정말 좋아요.

3. 위 글을 소리 내어 바르게 띄어 읽어 보세요.

	한 번	두 번	세 번
부모님 확인			

2) 주인공 가면 띠 쓰고 글 읽기

활동 방법

『강아지 복실이』는 일기처럼 쓴 글이라 아이가 주인공의 입장이 되어 문장을 알맞게 띄어 읽는 활동을 하기에 적합하다. 책을 바르게 읽도록 하는 것이 가장 큰 목적이지만, 아이가 자신의 이야기를 하듯이 자연스럽게 읽게 하는 것도 중요하다. 주인공 가면 띠를 만들어 얼굴에 두르고 읽으면 아이가 자신감을 가지고 글을 더 재미있게 읽는 효과를 얻을 수 있다.

준비물 : 색종이나 도화지, 가위, 풀이나 테이프, 채색 도구

① 도화지에 그림책 속 등장인물을 그린 뒤 색칠하고 가위로 오린다(그리기가 어려운 경우, 자료실의 등장인물 도안을 인쇄해 색칠한 뒤 오려서 사용한다).

② 도화지로 긴 띠를 만들어 등장인물 그림 뒤에 붙인다.

③ 등장인물 띠를 얼굴에 두르고 그림책의 문장을 읽는다.

작품 예시

등장인물 그리기

띠 만들기

그림 뒤에 띠 붙이기

유의점

얼굴에 띠를 두르고 문장을 읽을 때는 처음부터 아이 혼자 읽게 하지 말고 엄마와 한 문장씩 번갈아 읽는 것이 좋다. 한 문장씩 읽는 것이 자연스러워지면 한 페이지씩 번갈아 읽고, 나중에 아이가 자신감 있게 읽으면 전체를 혼자 다 읽도록 한다. 대화문이 나올 때는 누나의 대사를 엄마가 읽는 것도 좋은 방법이다.

『강아지 복실이』 문장 읽기

『강아지 복실이』를 큰 소리로 읽어 보세요.

누나는 생일 선물로 강아지를 받았어요.

강아지 이름은 복실이예요.

복실이는 조그맣고, 따뜻하고, 간지러워요.

왈왈 짖으며 꼬리를 막 흔들어요.

나는 복실이가 정말 좋아요.

기린, 하마, 판다, 고래, 펭귄, 코끼리보다도요.

누나가 내 생일 선물로 복실이를 주었으면 좋겠어요.

주인공 가면 만들기

* '등장인물 가면 만들기' 캐릭터 도안은 자료실에서 QR 코드로 내려받기할 수 있습니다.

★ 질문과 대화

1) 사실 질문

동생이 생일 선물로 받고 싶은 동물은 무엇이었나요?

누나랑 싸운 이유는 무엇이었나요?

누나가 생일 선물로 받고 싶은 것은 무엇이었나요?

2) 해석 질문

누나에게 크레파스를 빌려주지 않은 이유는 무엇일까요?

어딜 가든지 복실이가 나를 따라오는 이유는 무엇일까요?

누나가 복실이를 데리고 갈 때마다 나의 마음은 어땠을까요?

3) 적용 질문

나는 생일 선물로 무엇을 받고 싶은가요?

형제자매와 다투고 화해한 경험이 있나요? 언제, 무엇 때문이었나요?

키우고 싶은 반려동물이나 식물이 있나요? 어떤 동물/식물이고, 왜 키우고 싶은가요?

★ 글쓰기

주인공이 되어 누나에게 편지 쓰기

 이 책을 읽으면 맏이는 맏이대로 동생은 동생대로 주인공들에 감정을 이입하게 된다. 특히 위 형제자매와 다툼이 많은 동생이라면 주인공의 감정에 적극적으로 공감하고, 강아지와 놀지 못하게 하는 누나를 보고 속상해할 것이다. 책을 읽고 나서, 주인공의 입장에 공감한 상태에서 나온 말들을 글로 바꿔 쓰는 활동이다.

글쓰기 방법

우선 책을 읽고 나서 주인공이 복실이와 놀고 싶으면 어떻게 해야 하는지를 아이와 이야기 나눠 본다. 아이가 입말로 설명한 것을 엄마가 정리해서 아이에게 다시 들려주고, 말한 내용이 맞는지 확인한다. 아이가 글씨 쓰는 것을 어려워하면 엄마가 아이가 한 말을 그대로 글로 적어 주어도 괜찮다.

준비물 : 활동지

① 아이와 주인공의 마음이 되어 함께 이야기를 나눈다.
② 누나에게 복실이와 놀게 해 달라고 하려면 어떻게 해야 할지 이야기해 본다.
③ 누나에게 복실이와 놀게 해 달라고 요청하는 편지를 써 본다.

유의점

초등학교 1학년은 자유롭게 글쓰기가 아직 어려울 수 있다. 만약 아이가 글 쓰는 것을 부담스러워하면 부모가 대신 써 주어도 된다. 그래도 아이에게 글을 쓰는 힘을 길러 주고 싶다면 주요 단어만 쓰게 하는 것도 괜찮다. 아이가 글쓰기에 능숙하다면 주어진 주제의 편지글 외에도 '누나에게 복실이와 놀게 해 주어서 고맙다'는 내용의 편지글 쓰기까지 해 볼 수 있다.

주인공이 되어 누나에게 편지 쓰기
주인공이 되어 누나에게 복실이와 놀게 해 달라는 편지를 써 보세요.

주인공이 되어 누나에게 편지 쓰기 (예시)
주인공이 되어 누나에게 복실이와 놀게 해 달라는 편지를 써 보세요.
누나! 나도 복실이와 놀고 싶어.
그런데 누나가 복실이와 놀지 못하게 해서 속상했어.
나도 복실이와 같이 놀게 해 줘.
어제는 누나가 내 장난감을 가지고 놀지 못하게 해서 나도 미안해.
나도 앞으로 누나에게 내 장난감 빌려줄게.
우리 복실이랑 같이 놀자.

06 학교에 가면

자기소개하기

통합 봄 1학년 1학기 1단원

그림책에는 주인공과 다른 친구들이 많이 등장한다. 주인공은 자기와 다른 친구들을 보며 자신과의 공통점을 찾기도 하고, 차이점을 찾기도 한다. 나와 차이점이 많은 친구를 만나도 그것을 이상하거나 틀린 것이라 생각하지 않고 모두 친구로 여기는 마음을 가져야 한다는 내용을 담고 있다.

『달라도 친구』
허은미 글·정현지 그림,
웅진주니어

★ 독후 활동

1) 나와 친구를 꽃에 비유하기

> 활동 방법

그림책의 마지막 장면을 함께 보며 나와 친구들을 꽃에 비유해 보는 활동이다. 모양이 하나도 똑같은 게 없는 들판의 꽃처럼 사람도 생긴 모습뿐만 아니라 성격도 다르고 좋아하는 것도 다르지만 친구가 된다. 이 활동을 하면서 아이가 어떤 친구를 좋아하고 친하게 지내는지, 자연스럽게 이야기를 나눠 본다. 나와 친구는 외모도 성격도 좋아하는 것도 다르지만 모두 꽃처럼 소중한 존재다. 서로를 존중하며 사이좋게 지내야 한다는 이야기를 나누면서 의미 있는 시간을 갖는다.

준비물 : 활동지, 색종이, 가위, 풀, 채색 도구
① 꽃으로 표현할 친구를 고른다.
② 나와 친구를 어떤 꽃으로 만들지 생각한다.

③ 색종이에 꽃 모양을 그려서 오리고, 나와 친구의 얼굴을 그린다.

④ 활동지에 꽃을 붙이고 줄기와 잎을 그린다.

⑤ 완성한 꽃에 내 이름과 친구의 이름을 쓴다.

⑥ 활동을 한 후에는 친구에게 소개한다.

작품 예시

색종이에 꽃, 줄기, 잎 그리기

오려서 꽃 모양으로 붙이기

줄기와 잎 등을 꾸미고
나와 친구의 이름 적기

유의점

얼굴을 표정까지 세밀하게 그리기 어려워하는 아이에게 나와 친구를 쉽게 표현할 수 있도록 하는 활동이다. 꽃은 아이가 평소에 알고 있는 수준에서 고른다. 나와 친구를 왜 그 꽃으로 표현했는지 이유를 들으면 아이가 평소에 자신과 친구에 대해 어떤 생각을 하고 있는지 알 수 있다. 꽃으로 표현할 친구를 찾기 힘든 경우에는 가족 가운데 한 명을 골라서 진행해도 된다.

나도 꽃! 친구도 꽃!

나와 친구를 꽃으로 표현해 보세요.
(꽃 모양과 줄기, 잎 등을 색종이에 그려서 붙여요.)

2) 나와 친구의 공통점과 차이점 알기

활동 방법

아이와 함께 그림책을 읽은 뒤 친한 친구들을 떠올리며 나와 비슷한 공통점과 나와 다른 차이점을 찾아보는 활동이다. 이 활동을 통해 친구의 특성에 대해 더 깊이 생각해 보게 되고, 나와는 다른 친구를 어떻게 대하는 게 좋은지 고민해 보게 된다.

준비물 : 활동지, 필기도구, 채색 도구

① 친한 친구를 떠올린다.

② 친구와 나의 공통점(비슷한 점)을 생각해서 활동지에 그린다.

③ 친구와 나의 차이점(다른 점)을 생각해서 활동지에 그린다.

④ 엄마에게 왜 이런 그림을 그렸는지 이야기하고, 친구와 나의 같은 점과 다른 점을 설명한다.

작품 예시

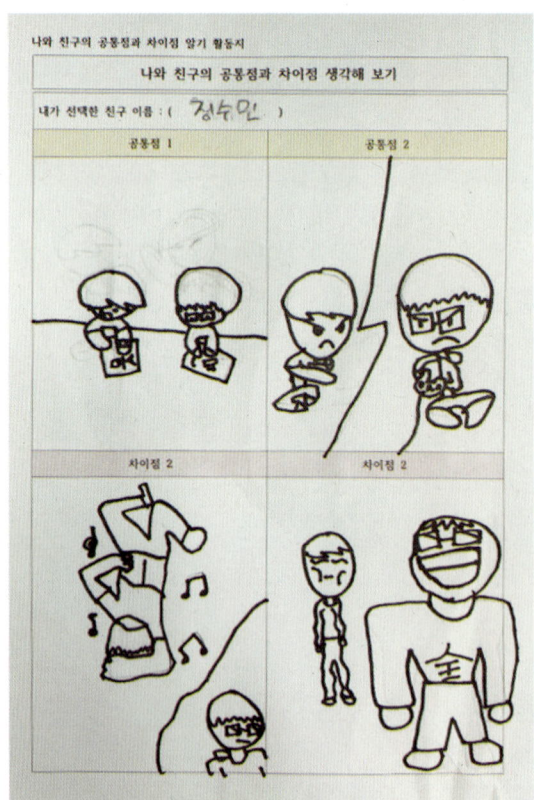

유의점

차이점을 생각할 때는 나와 공통점이 없는 친구라도 틀리거나 이상하거나 잘못된 것이 아니라 서로 다른 것일 뿐이라는 점을 알게 한다. 친구를 이해하고 배려하는 태도를 지니는 것이 중요하며, 세상은 이렇게 서로 다른 사람들이 모여서 아름다운 무지개 빛을 내는 곳이라는 사실을 설명해 준다.

나와 친구의 공통점과 차이점 알기		
내가 선택한 친구의 이름 : (　　　　　　　)		
공통점 ①		공통점 ②
차이점 ①		차이점 ②

★ 질문과 대화

1) 사실 질문

리향이는 왜 조선 사람일까요?

거미를 좋아하는 슬기는 커서 무엇이 되고 싶은가요?

주인공의 동생은 누구누구일까요?

2) 해석 질문

미누의 피부는 왜 반질반질한 갈색일까요?

우리 춤을 출 때 연주하는 악기를 찾고 이름을 말해 보세요.

왜 서로 달라도 친구일 수 있을까요?

3) 적용 질문

친구와 내가 다른 점은 무엇인가요?

나는 어떤 꽃일까요? 내 친구 ○○이는 어떤 꽃일까요?

나와 친한 친구의 특징은 무엇인가요?

★ 글쓰기

나를 소개하는 글쓰기

아이들에게 자기소개를 하라고 하면 흔히 학교, 학년, 반, 이름을 이야기하는데, 이보다는 신체적 특징이나 좋아하는 음식, 좋아하는 노래, 좋아하는 꽃 등을 말하는 식으로 소개하는 것이 더 인상에 남는다. 알고 있는 꽃 중에서 '내가 좋아하는 꽃', '나와 닮은 꽃'을 생각해서 자기소개를 하고, 특징을 설명하는 활동을 한다.

글쓰기 방법

먼저 우리 주변에서 자주 볼 수 있는 꽃의 이름을 주거니 받거니 하다가, 그중에서 자신과 가장 닮은 꽃을 정하고, 어떤 점이 닮았는지 이야기 나눈다. 이야기가 정리되면 그 내용을 간단히 글로 써 본다.

준비물 : 스마트폰, 활동지

① 아이와 주변에서 쉽게 볼 수 있는 꽃의 이름을 번갈아 이야기한다.
② 이름이 생각나지 않으면 스마트폰으로 다양한 꽃을 검색해 본다.
③ 그중 자신과 가장 닮은 꽃을 정한다.
④ 자신과 닮은 꽃의 꽃말과 특징, 생김새를 찾아본다.
⑤ 자신과 어떤 점이 닮았는지, 이야기 나눈다.
⑥ 닮은 점을 중심으로 자신을 소개하는 글을 쓴다.

유의점

자신과 닮은 꽃이 생각나지 않으면 나무나 풀 등으로 정해도 된다. 처음에는 다양한 식물을 들어서 이야기를 나눈 다음에, 가장 마음에 드는 꽃이나 나무, 풀 가운데 하나를 골라서 이를 빗대어 글쓰기를 한다. 글은 간단히 써도 되지만, 나와 닮은 점은 꼭 한 가지 넣도록 한다. 글을 쓰고 나서는 빈칸에 꽃 그림을 그려 넣어도 좋다.

나와 닮은 꽃을 찾아라!

나와 닮은 꽃을 찾아보고, 나를 소개하는 글을 써 보세요.

통합 봄

나와 닮은 꽃은 (　　　　)입니다.

그 이유는 _____

_____

때문입니다.

나와 닮은 꽃을 찾아라! (예시)

나와 닮은 꽃을 찾아보고, 나를 소개하는 글을 써 보세요.

나와 닮은 꽃은 (백합) 입니다.

그 이유는 <u>나는 깨끗한 것이 좋고,</u>

<u>하얀 옷을 자주 입기</u>

때문입니다.

07 사계절 느끼기

통합 봄 1학년 1학기 2단원

도란도란 봄 동산

봄, 여름, 가을, 겨울 사계절 동안 자연에서 일어나는 변화를 잘 살펴볼 수 있는 그림책이다. 서정적인 글, 뛰어난 색감과 묘사, 사실적이면서도 아기자기한 그림이 어우러져 아이와 함께 읽으면서 생명의 소중함, 우리에게 많은 것을 베풀어 주는 자연에 대한 고마움 등을 이야기해 볼 수 있다.

『나의 봄 여름 가을 겨울』
린리쥔 글·린리치 그림,
베틀북

★ 독후 활동

1) 나뭇잎, 돌 등 자연물로 꾸미기

활동 방법

그림책을 읽고 주변에서 흔히 볼 수 있는 자연물로 사계절을 표현해 보는 활동이다. 바깥에서 주워 온 돌멩이나 나뭇잎, 꽃잎 등의 모양을 잘 살려서 여러 가지 재미있는 모양을 만들어 본다. 자연물을 직접 만지면서 계절을 느낄 수 있고, 작품을 꾸미거나 만들면서 창의성을 키울 수 있다. 자연물에 직접 그림 그리기, 비사치기, 돌멩이 공기놀이, 모래 놀이, 꽃반지 만들기, 소꿉놀이 등을 해 본다.

준비물 : 카메라, 자연물(돌멩이, 나뭇잎, 꽃잎 등)

① 야외로 나가서 다양한 자연물(돌멩이, 나뭇잎, 꽃잎 등)을 모아 온다.
② 모은 자연물을 모양, 색깔, 크기별로 분류한다.
③ 무엇을 만들지 구상한다.

④ 다양한 자연물로 작품을 만든다.

⑤ 자연물로 표현하기 힘든 부분은 그림으로 그린다.

작품 예시

자연물 모아서 분류하기

표현하기 : 병아리(봄)

표현하기 : 다람쥐(가을)

표현하기 : 크리스마스트리(겨울)

유의점

바깥 활동이 자유롭지 못한 겨울은 피하는 것이 좋다. 겨울은 기온이 낮을 뿐만 아니라 식물을 찾아보기도 힘들고, 눈이라도 내린 뒤라면 길이 미끄러워서 위험하다. 이 활동은 자연물을 구하기 쉽고 몸을 움직이기 편한 봄, 여름, 가을에 하는 것을 권한다. 나뭇잎이나 꽃잎 등을 구할 때는 자연을 함부로 훼손하지 않도록 지도하여, 되도록 잡초나 떨어진 나뭇잎을 줍도록 한다.

자연물로 꾸미기

자연물(꽃, 나뭇잎, 돌 등)을 이용해서 표현하고 싶은 것을 만들어 보세요.
(사진으로 찍어서 붙여도 좋아요!)

2) 나의 봄, 여름, 가을, 겨울 표현하기

활동 방법

그림책을 읽고 나의 봄, 여름, 가을, 겨울을 물감으로 표현하는 활동이다. 그림책에 나오는 장면을 활용해도 좋고, 어떤 것이든 아이가 표현하고 싶은 것을 해 보도록 한다. 그림 그리기는 자주 할 기회가 있으므로 수채화 물감을 찍어서 표현하는 활동을 해 보는 것도 하나의 방법이다. 아이가 가장 좋아하는 계절을 선택해서 그 계절에 볼 수 있는 것들을 떠올리게 한 다음, 그 모습을 연하게 스케치하고, 물감 찍기로 색감을 표현하면 된다.

준비물 : 활동지, 수채화 물감, 면봉, 종이 접시(팔레트)

① 봄, 여름, 가을, 겨울 중에서 표현하고 싶은 계절을 정한다.
② 그림책을 살펴보며 표현하고 싶은 것을 떠올린다.
③ 연필로 연하게 밑그림을 그린다.
④ 종이접시(팔레트)에 필요한 색의 물감을 짠다.
⑤ 면봉에 물감을 찍어서 표현한다.

작품 예시

연하게 밑그림 그리기   준비물 갖추기   작품 완성

봄   여름   가을   겨울

유의점

물감 찍기 활동을 할 때는 면봉 외에 다른 도구를 활용해도 된다. 동그라미를 찍을 때 종이컵을 사용하거나 요리에 쓰고 남은 당근으로 꽃 모양을 만들어서 찍으면 아이가 재미있어할 것이다. 촉감 놀이를 좋아하는 아이라면 손바닥이나 손가락에 물감을 찍어서 표현하게 하는 것도 좋다. 아이의 옷이나 주변에 물감이 튀거나 묻을 수 있으므로 바닥에는 신문지를 깔고, 반드시 미술용 앞치마를 두르도록 한다.

나의 봄, 여름, 가을, 겨울

가장 좋아하는 계절을 물감으로 표현해 보세요.

제목 : 나의 (   )

⭐ 질문과 대화

1) 사실 질문

고개를 비죽 내미는 모습이 마치 물음표를 닮은 봄 식물은 무엇일까요?

무당벌레의 별명은 무엇인가요?

곤충들이 적에게 들키지 않으려고 주위와 비슷한 몸색을 가지는 것을 무엇이라고 하나요?

2) 해석 질문

날씨가 서늘해지면 초록빛 나뭇잎들이 어떤 색으로 옷을 갈아입나요?

추운 겨울을 따뜻하게 지내는 나만의 방법이 있나요?

식물이 싹을 틔우기 위해서는 왜 인내심이 필요할까요?

3) 적용 질문

민들레 씨를 한번에 날려 보내면 소원이 이루어진대요. 나는 어떤 소원을 빌고 싶은가요?

바다나 숲에서 찾을 수 있는 나만의 보물은 무엇인가요?

⭐ 글쓰기

마술 빗자루를 타고 여행하고 싶은 자연의 세계

그림책에는 봄, 여름, 가을, 겨울 사계절이 아름답게 담겨 있다. 그중에서 아이가 어느 계절의 어디로 여행을 가고 싶은지 상상해 보도록 한 다음 글로 쓰는 활동이다. 그림을 통해 사계절을 경험한 내용을 떠올리면서 가장 좋았던 계절이 언제인지 이야기 나누고, 자신에게 마법의 빗자루가 생긴다면 어느 계절로 가서 무엇을 하며 놀고 싶은지 쓰도록 한다. 봄 소식을 알리는 꽃들과의 놀이, 한여름 곤충들과의 숨바꼭질, 가을의 버섯과 단풍잎 친구들 만나기, 겨울에는 크리스마스 파티 등 각 계절의 특징에 대해 충분히 이야기하고, 아이가 좋아하는 계절을 골라서 쓰도록 한다.

상상한 이야기를 글로 쓰는 방법

이야기를 상상하는 것은 창의력과 사고력을 키우고, 생각을 말과 글로 표현하는 것은 문해력 향상에 도움을 준다. 각각의 계절에서 어떤 일들이 일어날지를 상상하고, 그 안에서 나는 어떤 놀이를 하고 싶은지 충분히 생각한 뒤에 엄마와 대화하면서 상상한 것을 표현할 수 있도록 자극한다. 상상의 세계에서 즐기는 놀이에 대한 이야기를 나누고, 엄마에게 말하듯이 글로 쓰게 하면 글쓰기에 대한 부담을 줄여 줄 수 있다.

준비물 : 활동지

① 그림책을 읽고 그림책에 나오는 봄, 여름, 가을, 겨울의 특징을 살펴본다.
② 그림책에서 어떤 장면이 가장 즐거워 보였는지 질문한다.
③ 마법의 빗자루가 생겨서 그림책 속으로 여행을 떠난다면 어디로 가고 싶은지 이야기 나눈다.
④ 여행을 가면 무엇을 하고 싶은지 이야기 나눈다.
⑤ 엄마와 이야기한 내용을 글로 정리한다.

유의점

이 활동을 할 때는 아이의 이야기를 충분히 들어주는 것이 가장 중요하다. 책 속으로 들어가 신나게 놀이하는 것을 상상하고 이야기하면서 말하기(표현하기) 능력이 길러지고, 말한 것을 글로 쓰는 활동을 통해서 사고력을 향상할 수 있기 때문이다. 글을 쓸 때는 손에 힘을 주고 바르게 쓰도록 하고, 알맞은 띄어쓰기를 할 수 있도록 지도한다.

마술 빗자루를 타고 어디로 여행을 가서 무엇을 할지 써 보세요.

마술 빗자루를 타고 어디로 여행을 가서 무엇을 할지 써 보세요. (예시)
마술 빗자루를 타고 봄, 여름, 가을, 겨울을 만드는 마법사를 만나러 가고 싶다.
마법사가 봄을 만들면 꽃과 나비와 함께 숨바꼭질을 하며 놀고 싶다.
마법사가 여름을 만들면 숲의 계곡에서 동물 친구들과 물놀이를 하고 싶다.
마법사가 가을을 만들면 다람쥐의 도토리를 함께 모아 주고 싶다.
마법사가 겨울을 만들면 숲속 동물 친구들과 눈사람을 만들고 싶다.

08 가족에 대해 알아보기

통합 여름 1학년 1학기 1단원

우리는 가족입니다

아이가 겪는 구체적인 상황을 아이 입장에서 그리며 가족의 의미와 특징을 이야기하는 그림책이다. 글과 그림을 통해 사랑이 넘치는 가족의 모습을 포근하고 따뜻하게 표현하고 있어서, 아이와 부모가 함께 읽으며 공감하는 가운데 행복을 느낄 수 있다.

『가족은 꼬옥 안아 주는 거야』
박윤경 글·김이랑 그림, 웅진주니어

★ 독후 활동

1) 가족과 신문지 위에 올라서기

활동 방법

그림책 『가족은 꼬옥 안아 주는 거야』를 읽고, 이 제목에 걸맞게 가족이 다 같이 신문지 위에 올라가 보는 활동이다. 단계가 높아질수록 함께 딛고 서야 하는 신문지의 면적이 줄어들기 때문에 그만큼 서로를 더 꼭 부둥켜안아야 성공하는 놀이이기도 하다.

준비물 : 신문지

① 신문지의 두 면을 넓게 펼쳐서 그 위에 가족 모두가 올라선다.
② 1단계에 성공하면 이번에는 신문지의 한 면만 넓게 펼쳐서 그 위에 가족 모두가 올라선다.
③ 2단계에 성공하면 신문지의 한 면을 반으로 접어서 그 위에 가족 모두가 올라선다.
④ 단계를 거듭하면서 계속 신문지를 반으로 접으며 점점 좁아지는 면적에 가족 모두가 올라선다.

⑤ 단계가 높아질수록 발을 디디는 면적이 줄어들어 서로를 꼭 끌어안아야 성공한다.

⑥ 신문지 면적에서 벗어나면 그 단계는 성공하지 못한 것이다.

⑦ 놀이를 마치고 소감을 이야기 나눈다.

활동예시

1단계

2단계

3단계

4단계

유의점

처음 한두 번은 연습 삼아서 재미있게 해 본다. 실패까지 경험하고 나서 아이에게 "어떻게 해야 성공할 수 있을까?"를 물어보고 아이의 의견대로 놀이를 진행한다. 놀이를 거듭할수록 성공하려면 가족끼리 서로 꼭 껴안아야 한다는 사실을 깨달을 수 있도록 하는 것이 핵심이다. 놀이를 마친 뒤에는 간단히 소감을 주고받으며 가족 간의 사랑을 확인하는 시간을 갖는다.

2) '우리 가족 규칙' 정하고 '우리 가족 행복 통장' 만들기

> 활동 방법

가족끼리도 예절을 지키는 것이 나와 가족을 행복하게 하는 방법임을 깨닫고, 앞으로 가족에게 예절 바른 행동을 하는 어린이가 될 것을 다짐하는 활동이다. 먼저 가족이 함께 지켜야 할 예절인 '우리 가족 규칙'을 정하는데, 많으면 지키기 어려우니 다섯 개 정도를 가족회의로 정한다. 규칙을 정했으면 '우리 가족 행복 통장'을 만드는데, 행복 통장에 행복이 쌓였을 때 보상할 내용과 방법에 대해서도 가족 모두 만족할 만한 것으로 정해 둔다. 규칙과 예절을 잘 지킨 경우에는 행복 통장에 기록하고, 통장에 행복이 쌓이면 정한 대로 보상을 한다.

준비물 : A4 도화지, 통장 속지 인쇄물, 채색 도구

① '우리 가족 행복 통장' 속지(도안)를 양면 인쇄(짧은 면 넘기기)해서 준비한다.
② A4 도화지(180g A4 용지)를 가로로 반 접는다.
③ 안쪽에 통장 속지를 붙여서 통장처럼 만든다.
④ 표지 안쪽에 '우리 가족 규칙'을 쓴다.
⑤ 표지에 '우리 가족 행복 통장'이라고 크게 쓴다.
⑥ 표지에 우리 가족의 행복한 모습을 그려서 꾸민다.
⑦ '우리 가족 규칙'을 잘 지켜서 가족이 행복할 때마다 기록한다.
    예) ○월 ○일 : 아침에 일어나서 이부자리를 스스로 정리했다. 엄마가 엄청 기뻐하셨다.

작품 예시

속지 준비

A4 도화지 접기

통장 만들기

* '우리 가족 행복 통장' 속지는 자료실에서 QR 코드로 내려받기할 수 있습니다.

> **유의점**
> '우리 가족 행복 통장'을 만드는 활동 자체보다 규칙을 잘 지켜서 가족이 행복해지는 데 중점을 두어야 한다. 통장을 만들어서 잘 관리하면서 행복한 기억을 추억하고, 규칙을 지속적으로 지킬 수 있도록 하는 것이 중요하다. 일회성 이벤트에 그치지 말고 속지를 다 채우면 추가하는 방식으로 꾸준히 활동하여 가족의 소중함과 화목에 대해 늘 생각하도록 한다. 아이가 그림 그리기를 부담스러워한다면 표지에 그림 대신 가족 사진을 붙여도 된다.

★ 질문과 대화

1) 사실 질문

우리 가족은 어떻게 넷이 되었나요?

우리 가족은 어떤 일을 서로 돕나요?

내가 태어났을 때 내 눈은 무엇을 닮았다고 했나요?

2) 해석 질문

다양한 가족의 모습에는 무엇이 있을까요?

아기 돌보기는 어떤 점이 힘들고 어려울까요?

엄마 아빠는 내가 태어난 날 왜 소중한 선물을 받았다고 생각했을까요?

3) 적용 질문

우리 엄마 아빠와 함께하는 놀이 중 내가 가장 좋아하는 것은 무엇인가요?

우리 엄마 아빠와 나는 어떤 점이 닮았나요?

가족과 함께 있을 때 내 마음은 어떤가요?

⭐ 글쓰기

'가족은요,'로 시작하는 글쓰기

그림책을 읽고, 그림책을 나만의 이야기로 바꾸어 써 보는 활동이다. 이야기 바꾸어 쓰기는 다른 글쓰기에 비해 쉽게 접근할 수 있고, 아이의 경험을 담은 아이만의 이야기로 창작이 가능하기 때문에 글쓰기를 연습하는 단계의 아이들이 재미있게 참여할 수 있다. 그림책은 가족의 탄생부터 성장 과정을 보여 주며 '가족은요,'라는 문장을 반복함으로써 일상 속에서 가족의 역할과 모습을 자연스럽게 보여 주고 있으므로, 이 문장을 활용한 '나만의 글쓰기'를 해 본다.

글쓰기 방법

그림책처럼 우리 가족에 대한 글쓰기를 하기 위해 먼저 가족 사진이 들어 있는 앨범(또는 파일)을 펼쳐 본다. 예를 들어 가족 여행을 하는 사진을 골랐다면, '가족은요, 함께 여행을 가는 거야.'라고 가족에 대한 나만의 정의를 내릴 수 있다. 이어서 사진에 대한 설명이나 내가 그렇게 생각하는 이유를 덧붙인다. 사진을 보면서 기억을 되살려 '지난 여름에 엄마, 아빠, 언니와 속초 바다에 놀러 갔다. 수영도 하고 파도 타기도 했다. 물놀이가 정말 즐거웠다.' 하는 식으로 글을 쓰면서 가족 그림책의 한 장면을 완성한다.

준비물 : 가족 사진 앨범, 활동지, 채색 도구

① 가족 사진이 담긴 앨범을 보면서 '그림책의 한 장면'으로 표현하고 싶은 사진을 고른다.
② 부모님과 사진에 대해 언제, 어디서, 무엇을 했던 장면인지 이야기 나눈다.
③ '가족은요, ~야.' 하는 형식으로 내가 생각하는 가족의 모습을 말로 표현해 본다.
④ 내가 생각하는 가족의 모습을 정의했다면 이를 설명하는 글로 써 본다.
⑤ 활동지나 도화지에 가족 사진을 붙이고, '가족은요, ~야.'로 그림책의 한 장면을 만들어 본다.

유의점

반드시 가족 사진을 보면서 다양한 가족의 모습에 대해 이야기를 나누고 난 뒤에 글을 쓰도록 한다. 사진을 보고 무엇을 하는 장면인지, 누구와 함께 있는 장면인지, 장소는 어디인지 등에 대해 이야기를 나누면서 부모님이 먼저 '가족은요, ~야.'라고 이야기해 주면 아이가 이해하기 훨씬 쉬울 것이다. "가족은요, 함께 웃는 거야.", "가족은요, 함께 맛있는 것을 먹는 거야.", "가족은요, 서로 축하해 주는 거야.", "가족은요, 서로 도와주는 거야."처럼 사진을 보고 떠오르는 생각을 아이와 자연스럽게 이야기 나눈다. 이렇게 사진 속 장면을 구체적으로 이야기하는 식으로 풀어 가야 어렵지 않게 설명하는 글쓰기로 이어지고, 한 장면 글쓰기가 가능해진다.

'가족은요,'로 시작하는 글쓰기

1. 앨범에서 우리 가족을 잘 보여 주는 사진을 찾아서 붙여 보세요.

2. '가족은요,'로 시작하는 우리 가족을 표현하는 글을 써 보세요.

'가족은요,'로 시작하는 글쓰기 (예시)

1. 앨범에서 우리 가족을 잘 보여 주는 사진을 찾아서 붙여 보세요.

2. '가족은요,'로 시작하는 우리 가족을 표현하는 글을 써 보세요.

가족은요, 함께 축하해 주는 거야.

내 생일날 엄마, 아빠가 초코 케이크를 사 주셨어요.

나는 세 살이라 초를 세 개 꽂았어요.

케이크에 촛불을 붙이고 생일 축하 노래도 불렀어요.

나는 소원을 빌고 촛불을 후, 하고 껐어요.

엄마 아빠가 생일 선물로 내가 제일 갖고 싶어 했던 인형도 사 주셨어요.

그날 밤 나는 인형을 꼭 안고 잤어요.

09 오감으로 표현하기

통합 여름 1학년 1학기 2단원

여름 나라

자연에서 나는 귀한 여름 과일 이야기이자 옥이와 할머니의 여름 이야기다. 옥이와 할머니는 나물과 곡식, 과일을 따서 동네 사람들과 나누어 먹고, 시장에 내다 팔기도 한다. 소박하지만 정성 들여 만든 음식을 나눌 줄 알고, 몸이 불편한 주위 사람들을 챙기는 두 사람의 따뜻한 마음을 담은 그림책이다.

『할머니, 어디 가요? 앵두 따러 간다!』
조혜란 글·그림, 보리

★ 독후 활동

1) 여름 과일 부채 만들기

활동 방법

여름에 나는 과일을 떠올려 보고, 색종이로 과일 부채를 만드는 활동이다. 주름 접기만으로 할 수 있는 쉬운 놀이라서, 맛있는 여름 과일을 먹으며 더위를 식혀 줄 시원한 부채를 만들 수 있다.

준비물 : 색종이, 매직, 풀, 아이스크림 막대

① 빨강 색종이 끝에 초록 색종이를 좁게 오려서 붙인다.
② 빨강 색종이 위에 매직으로 점을 찍어서 수박씨를 그린다.
③ 주름 접기를 한다.
④ 주름 접기를 한 색종이 두 장을 각각 반으로 접는다.
⑤ 주름 접기를 한 색종이의 벌어진 면들을 서로 붙인다.

⑥ 색종이의 끝부분에 아이스크림 막대를 붙인다.

⑦ 아이스크림 막대를 360도 돌려서 펼치면 완성이다.

작품 예시

1단계   2단계   3단계   4단계

5단계   6단계   7단계(완성)

유의점

과일 부채는 꼭 수박으로 하지 않아도 된다. 아이가 원하는 과일이 있다면 그걸로 만들어 본다. 예를 들어 참외로 하고 싶어 하면 노란 색종이와 하얀 색종이를 쓴다. 아이스크림 막대를 붙일 때 풀이 잘 붙지 않으면 양면테이프를 활용하고, 주름 접는 간격을 아이스크림 막대 너비만큼 잡으면 튼튼한 부채를 만들 수 있다. 색종이 두 장만으로 360도가 펼쳐지지 않으면 색종이 한 장을 더 접어서 세 장으로 완성해도 된다.

2) 우산 모빌 만들고 날씨 이야기하기

활동 방법

그림책을 읽고, 여름의 특징에 대해 알아보는 활동이다. 비가 올 때의 느낌과 비가 오면 어떤 옷이나 도구가 필요한지 아이와 이야기를 나누고, 색종이와 빨대 등 간단한 도구를 활용해서 우산을 만든다. 특히 비가 많이 내리는 여름날의 태풍과 장마 등을 떠올리며 우산을 만들고, 날씨의 특징을 알아본다.

준비물 : 동그라미 색종이 일곱 장, 빨대, 양면테이프, 가위

① 색종이 일곱 장, 양면테이프, 빨대를 준비한다.
② 동그라미 색종이를 가로로 한 번, 세로로 한 번 접어서 일곱 개를 만든다.
③ 양면테이프를 써서 색종이끼리 붙인다.
④ 적당한 길이의 빨대에 양면테이프를 두른 후 색종이를 둥글게 펼치면서 붙인다.

작품 예시

1단계 　　　　 2단계 　　　　 3단계 　　　　 4단계(완성)

유의점

우산 모빌을 만든 다음에는 이 우산을 쓰고 가고 싶은 곳은 어디인지, 비가 올 때는 어떤 느낌이 드는지 등을 이야기해 본다. 또 여러 개의 모빌 우산을 만들어 빨대 속에 낚싯줄이나 실끈, 가는 털실 등을 넣고 연결해서 주변에 매달아 놓는다. 바람에 흔들리는 우산을 보면서 그날그날 바람의 세기와 방향에 대한 이야기를 나눠 본다.

★ 질문과 대화

1) 사실 질문

옥이와 할머니가 소복하게 딴 열매는 무엇인가요?

옥이와 할머니가 시장에서 파는 것들은 무엇인가요?

찬 것을 많이 먹어서 배탈이 났을 때 먹는 나물은 무엇인가요?

2) 해석 질문

바닷물은 왜 짤까요?

할머니는 오디 술과 앵두 술을 팔아서 무얼 하실까요?

아이스크림을 많이 먹으면 배가 아픈 이유는 무엇일까요?

3) 적용 질문

내가 여름에 먹어 본 과일과 그 맛을 표현해 본다면?

내가 여름에 하는 놀이 중에서 가장 좋아하는 것은 무엇인가요?

주인공처럼 나도 할머니와 함께 무언가를 해 본 기억이 있나요? 있다면 무엇인가요?

⭐ 글쓰기

여름을 오감으로 표현하기

여름이라는 계절의 특징은 무엇일까? 더운 날씨와 그에 따라 달라지는 생활 모습은 어떠하며, 여름에만 먹을 수 있는 과일은 무엇일까? 그림책을 보고 자연스레 여름의 모습을 살펴보았다면, 이번에는 그것을 오감으로 표현해 본다. 여름에 볼 수 있는 것, 들을 수 있는 것, 맛볼 수 있는 것, 느낄 수 있는 것, 냄새 맡을 수 있는 것 등 그 감각을 느껴 보고 이를 소재로 글쓰기를 해 본다.

글쓰기 방법

그림책을 보면서 아이가 관심을 가지거나 질문하는 장면이 있다면 잠시 머물러서 여름에 대한 경험을 이야기 나눠 본다. "앵두는 크기가 어때?", "먹었을 때 어떤 맛이 났어?", "○○이는 여름에 먹는 과일 중에서 어떤 게 가장 좋아?", "바다에 갔을 때 어떤 소리를 들었어?",

"바다에서 본 것 중에 가장 기억에 남는 건 뭐야?" 등 여름에 대한 경험을 오감을 활용한 말로 표현해 보도록 질문한다. 충분히 이야기를 나눈 뒤에는 아이의 경험을 중심으로 본 것, 들은 것, 맛본 것, 냄새 맡은 것, 만진 것 등 오감을 동원해 아이가 느낀 여름을 글로 표현해 보도록 한다.

준비물 : 활동지

① 여름에 볼 수 있는 것, 들을 수 있는 것, 맛볼 수 있는 것, 냄새 맡을 수 있는 것, 느낄 수 있는 것 등 오감으로 만나는 여름에 대해 이야기 나눠 본다.
② 그 가운데 한 가지씩을 골라 여름 오감 활동지에 그림으로 그리거나 낱말로 적는다(예 : 맴맴맴 매미 소리, 사르르 달콤한 아이스크림 등).
③ 오감 가운데 한 가지를 골라 눈에 보이는 것처럼 자세히 글로 표현한다.

예시 글) 여름에 들은 소리 : 여름에는 매미 소리가 난다. 매미는 아침 일찍 일어나 맴맴맴 운다. 엄청 크게 맴맴맴 울다가 갑자기 조용해진다. 그래서 간 줄 알았는데 금방 또 운다. 소리가 엄청 커서 시끄럽다고 엄마는 싫어하신다.

유의점

글쓰기를 할 때 가장 좋은 방법은 아이의 경험을 활용하는 것이다. 아이가 기억하는 여름은 매미일 수도, 아이스크림일 수도, 비일 수도 있다. 여름에 한 경험과 기억을 이끌어 내기 위해서는 여름을 다룬 그림책을 통해 날씨, 날씨에 따른 옷차림, 생활 모습, 먹거리 등에 대한 이야기를 나누는 과정이 중요하다. 아이가 오감으로 느낀 것을 낱말로 표현할 때는 단순히 보고, 듣고, 맛본 것의 이름만 쓰게 하지 말고 보고, 듣고, 맛보고, 느끼고, 냄새 맡은 것을 먼저 말로 표현해 보도록 한다. 눈으로 본 듯이 표현하는 연습을 통해 자세히 글쓰기가 가능해진다.

여름을 오감으로 표현하기

1. 내가 경험한 여름을 떠올리며 다섯 가지 감각으로 느낀 여름을 찾아서 그리거나 써 보세요.

눈으로 본 것	코로 맡은 것	귀로 들은 것	입으로 먹은 것	손으로 만진 것

2. 위에서 찾은 다섯 가지 여름 가운데 한 가지를 골라 눈에 보이는 것처럼 자세하게 글로 써 보세요.

통합 여름

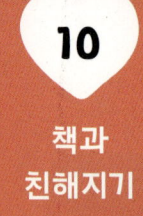

10 책과 친해지기

국어 1학년 2학기 1단원

소중한 책을 소개해요 ①

좋아하는 책의 주인공을 정말로 만난다면 기분이 얼마나 좋을까? 평범한 아이 범이는 꼼지락꼼지락 책 속으로 들어가 이야기에 등장하는 인물들을 만나 친구가 되고, 책 밖으로 불러내어 같이 놀기도 한다. 상상과 현실을 넘나들며 책의 가치와 읽는 재미, 기쁨을 일깨워 주는 그림책이다.

『책이 꼼지락꼼지락』
김성범 글·이경국 그림, 미래아이

★ 독후 활동

1) 주인공 팝업 액자 만들기

활동 방법

팝업 북(Pop-up book)은 책장을 폈을 때 장면을 묘사한 그림이 입체적으로 튀어나오도록 만든 그림책이다. 책의 한 장면을 골라 주인공이 현실 밖으로 튀어나오도록 팝업 액자를 만들면서 아이의 흥미를 유발하고 상상력을 자극할 수 있다. 또 띠 골판지를 이용해서 만든 스프링으로 인물이 움직이는 듯한 효과를 주면 시각적인 재미도 얻을 수 있다. 아이와 함께 완성한 팝업 액자를 보면서 주인공과 무엇을 하며 놀고 있는 장면인지, 새로운 이야기 세상을 펼쳐 본다.

준비물 : 흰 도화지 1/4 크기 두 장, 띠 골판지, 가위, 다목적 공예 풀, 채색 도구

① 그림책을 읽고 나서 함께 놀고 싶은 책 속 주인공을 떠올려 본다.
② 1/4 크기의 도화지에 떠올린 인물의 밑그림을 그리고 색칠한 다음 가위로 오려 낸다.

③ 띠 골판지 두 개를 사용해서 만든 스프링을 인물 뒷면에 붙인다.

④ 액자가 될 도화지에 자유롭게 자리를 배치하고 풀로 붙여 고정한다.

⑤ 남은 재료로 배경을 꾸미고, 책 속 주인공과 무엇을 하며 놀고 있는 장면인지 함께 이야기 나눈다.

팝업 액자 만들기

함께 놀고 싶은 인물 밑그림 그리기

색칠하고 가위로 인물 오리기

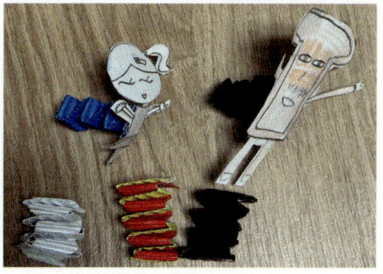
팝업 스프링을 인형 뒷면에 풀로 붙이기

1/4 크기 도화지에 자유롭게 구성하기

팝업 인물 외 주변 꾸미기

완성하여 새로운 이야기 창작하기

띠 골판지로 스프링 접기

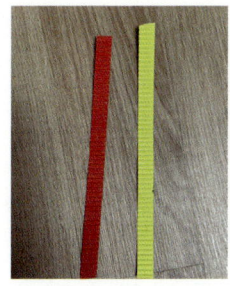
10cm 길이의 띠 골판지 두 개를 준비한다.

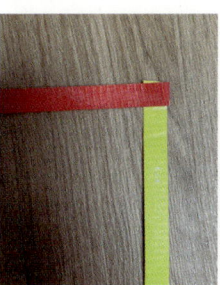
ㄱ 모양으로 겹친 끝부분을 풀칠하여 고정한다.

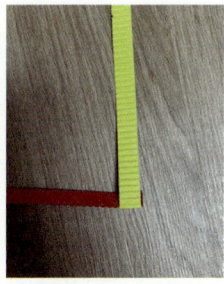
아래쪽(노랑)골판지를 위로 꺾어 올려 교차한다.

아래쪽(빨강)골판지를 다시 꺾어 올리며 과정을 반복한다.

4~5개의 교차점이 생기면 끝부분을 풀로 붙여서 마무리한다.

작품 예시

> **유의점**
>
> 아이가 혼자 하기에 아직 서툴다면 부모가 스프링 접는 방법을 설명해 주면서 아이의 손을 맞잡고 함께 만들 것을 권장한다. 부모가 시범을 보이더라도 보는 것과 달리 방향을 잘못 잡고 접을 수도 있다. 아이가 실수하더라도 서두르지 말고 한 겹 한 겹 함께 만들어 가는 데 의미를 두면서 즐거운 활동이 되도록 한다. 책 속 주인공과 무엇을 하며 놀고 있는지, 아이의 상상력에서 나온 이야기를 경청해 주는 것도 중요하다. 이야기를 마치면 제목을 새로 붙여 보게 하는 등 자신이 만든 작품에 뿌듯함을 느끼도록 격려한다.

2) 도서관에서 나만의 책꽂이 완성하기

활동 방법

아이의 독서 습관은 어릴 때 형성되므로 독서 편식이 생기지 않도록 집에 있는 책, 도서관에 있는 책, 서점에 있는 책 등 여러 공간에서 여러 종류의 책을 만날 수 있도록 해 준다. 갖가지 외형, 재미난 제목, 다양한 내용을 접해야 책에 대한 흥미를 느끼게 되기 때문이다. 그중에 아이가 선택한 책 한 권을 함께 읽으면서 아이가 주도하는 독서 기회를 가져 본다.

준비물 : 활동지, 필기도구(장소 : 도서관, 서점, 북카페 등)

① 그림책을 읽고, 그동안 읽은 책들을 떠올려 본다.

② 그중에 함께 놀고 싶은 책이나 기억에 남는 책이 있는지 이야기 나눠 본다.

③ 아이가 잘 떠오르지 않는다고 하면 집 근처 도서관이나 서점으로 가서 책을 둘러본다.

④ 책꽂이에 꽂혀 있는 책의 외형과 제목 등을 확인하며 활동지를 작성한다.

⑤ 한 권의 책을 선택해서 함께 읽는다.

활동 예시

도서관에 꽂혀 있는 책과 제목을 확인하는 모습

유의점

도서관이나 서점에서 책을 고를 때는 부모의 간섭을 최대한 줄이도록 한다. 아이가 흥미 위주의 책이나 만화책을 고르더라도 활동 주제가 '함께 놀고 싶은 책'이므로 어떤 등장인물을 만날지, 무엇을 함께 할 것인지 등을 질문하여 책을 통해 상상력을 발휘할 수 있도록 돕는 것이 중요하다. 아무리 좋은 독서라도 아이에게 강압적인 태도로 다가가면 나쁜 경험으로 남아 오히려 책과 멀어질 수 있다. 이 점에 유념하여 아이와 상호 작용하도록 한다.

나만의 책꽂이 완성하기

1. 꼼지락꼼지락 함께 놀고 싶은 책, 기억에 남는 책의 제목을 적어 나만의 책꽂이를 완성해 보세요.

2. 책을 읽고 난 소감을 부모님과 이야기하고, 간단히 써 보세요.

★ 질문과 대화

1) 사실 질문

엄마가 범이에게 바라는 것은 무엇일까요?

범이는 책으로 무슨 놀이를 했나요?

밖으로 나온 책 속 인물은 누가 있나요?

2) 해석 질문

엄마는 왜 범이에게 책을 읽으라고 했나요?

범이는 왜 책 속으로 들어갔나요?

어리석은 호랑이가 책 밖으로 나오고 싶은 이유는 무엇일까요?

3) 적용 질문

내가 들어가고 싶은 책이 있나요? 어떤 책인가요?

내가 책 밖으로 초대하고 싶은 인물, 동물은 누구인가요?

책으로 할 수 있는 놀이에는 또 무엇이 있을까요?

★ 글쓰기

그림책에서 어떤 친구를 만날지 상상하기

어떤 책의 어떤 주인공을 만나면 좋을까, 그림과 글로 표현해 보는 활동이다. 책을 읽으라는 말은 때로 아이들에게 스트레스가 된다. 그럴 때 범이처럼 '내가 만나고 싶은 책 속 주인공'들을 떠올려 보고, 함께 무슨 놀이를 할지, 어떤 모험을 떠날지 그림으로 그리면서 상상의 나래를 마음껏 펼치도록 한다. 그리고 책 속으로 들어가 친구와 함께 하고 싶은 일을 써 보게 하면 책을 더 친근하게 느끼면서 즐거운 글쓰기를 할 수 있다.

글쓰기 방법 및 준비물 : 8절 도화지, 색연필, 사인펜, 필기도구

① 그림책에 어떤 책의 인물이나 동물이 등장했는지 이야기 나눈다.

② 다른 어떤 책 속의 인물이나 동물이 등장하면 좋을지 말해 본다.

③ 잘 떠오르지 않으면 도서관에서 본 책이나 함께 읽은 책을 기억해 낸다.

④ 떠올린 인물과 동물은 『책이 꼼지락꼼지락』에서 어떤 활약을 할지, 도화지에 그려 본다.

⑤ 나도 책 속으로 들어간다면 친구와 무엇을 하며 놀고 싶은지, 간단하게 글로 써 본다.

유의점

책을 읽는 것 말고도 책으로 어떤 놀이를 할 수 있을지 아이와 이야기를 나누며 책을 가깝게 느끼도록 하는 것이 중요하다. 책을 죽 늘어놓고 도미노 게임을 해 볼 수도 있고, 책 속 등장인물들의 역할을 나눠서 인형극 놀이를 해 볼 수도 있다. 블록 쌓기, 성 만들기 등 다양한 놀이를 자유롭게 연상하거나 직접 해 보면서 생각을 나눈다. 아이가 책을 재미있는 것, 즐거운 것으로 받아들이는 계기를 마련하는 것이 핵심이다.

그림책에서 어떤 친구를 만날지 상상하기

1. 『책이 꼼지락꼼지락』에 어떤 책 속의 주인공이 나오면 좋을까요? 자유롭게 상상해서 그려 보세요.

2. 그 주인공과 무엇을 하며 놀고 싶은지 써 보세요.

그림책에서 어떤 친구를 만날지 상상하기 (예시)

1. 『책이 꼼지락꼼지락』에 어떤 책 속의 주인공이 나오면 좋을까요? 자유롭게 상상해서 그려 보세요.

그림책 『잠깐만』의 토끼와 거북이

2. 그 주인공과 무엇을 하며 놀고 싶은지 써 보세요.

거북이가 달에 가고 싶다고 했으니까

토끼와 거북이를 만나 함께 달에 가고 싶다.

달에 가서 토끼 친구도 만나고

거북이가 가져온 맛있는 음식도 함께 먹고 싶다.

11 소중한 책을 소개해요 ②

책 읽는 즐거움 느끼기

국어 1학년 2학기 1단원

아이는 밤에 자려고 누웠다가 이불 끝으로 삐죽 나온 발가락을 보며 상상의 세계로 들어간다. 계단을 닮았던 발가락은 어느새 태평양 위에 솟은 섬이 되고, 이어서 펭귄, 탑이 있는 도시, 예쁜 그림 도구들로 변한다. 발가락을 매개로 상상력을 자극하며, 잘 아는 사물에 새로운 의미를 부여하는 색다른 그림책이다.

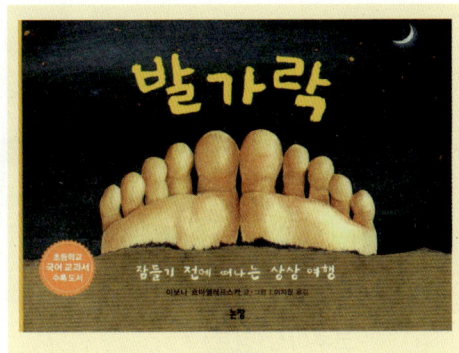

『발가락』
이보나 흐미엘레프스카 글·그림, 논장

★ 독후 활동

1) 발가락을 보고 떠오르는 것 표현하기

활동 방법

발가락을 보고 떠오르는 이미지를 입체로 표현해 보는 활동이다. 그림책에는 발가락 열 개가 섬이 되기도 하고, 펭귄이 되기도 하고, 또 발가락과 전혀 다른 형태로 재탄생하기도 한다. 책에 나오는 것은 모두 평면 이미지라서 발가락을 보고 떠오르는 것을 입체로 만들어 보는 활동을 한다. 집에 있는 장난감, 블록, 점토 등 여러 가지 입체물을 활용하면 된다. 발가락으로 이미지 연상 활동을 하면서 공간 감각과 창의성을 키울 수 있다.

준비물 : 집에 있는 입체물 재료(색깔 점토, 옥수수 교구, 블록, 젠가 등)

① 집에 있는 여러 가지 입체물을 모은다.

② 발가락을 보고 무엇이 떠오르는지 생각한다.

③ 발가락을 보고 떠오른 이미지 중에서 가장 표현하고 싶은 것 한 가지를 고른다.

④ 정한 것을 가장 잘 표현할 수 있는 재료로 입체물을 만든다.

작품 예시

크루아상(점토)

성(젠가)

나무(이지콘)

> **유의점**
>
> 입체물을 만들 때 젠가나 장난감 등은 고정하기가 쉽지 않아서 잘못 건드리면 쓰러질 수 있다. 물건을 조심히 다루어서 다치지 않도록 주의한다. 만약 세우기 힘든 물건이라면 평면에 뉘어서 표현해도 괜찮다. 아이들은 이미 형태가 고정되어 있는 물건보다 자기가 생각하는 대로 모양을 만들기 쉬운 점토류를 선호하는 편이다. 입체물로 표현한 다음에는 왜 이것을 떠올렸는지 이야기를 나누고, 아이가 생각한 것이 다소 부자연스럽더라도 바꿔 주려 하지 말고 그 의견을 존중하고 수용한다.

발가락의 변신

1. 발가락을 보고 떠오르는 것을 입체로 표현해 보세요.
(사진을 찍어서 붙여요!)

2. 내가 표현한 것에 이름을 붙여 보세요.

2) 발 도장 찍고 떠오른 것 그림과 글로 소개하기

활동 방법

발가락을 보고 연상한 것을 다양하게 소개한 그림책을 함께 보고, 물감으로 발바닥 모양 찍는 놀이를 한 다음, 여기에서 떠오른 것을 그림으로 그려 보는 활동이다. 발바닥 찍기 놀이는 아이의 오감을 자극할 뿐만 아니라 감수성을 키우고 창의력을 확장한다. 자신이 생각한 모양을 이야기로 만들어 엄마와 주고받은 뒤에는 한 문장으로 표현하는 글쓰기로 마무리한다.

준비물 : 도화지, 물감, 활동지

① 발바닥에 물감을 묻히고 도화지에 발 도장 찍는 놀이를 한다. 손바닥 찍기도 같이 하면 좋다(발바닥 찍기 활동이 어려운 경우에는 활동지에 직접 그려도 된다).
② 발 도장의 물감이 마르면 떠올린 것을 그림으로 그린다.
③ 그린 그림을 한 문장으로 설명하는 글쓰기를 한다.

작품 예시

유의점

놀이는 아이의 창의적 사고력을 확장시킨다. 놀이를 통해 감각과 감성을 깨운 아이는 엄마와의 대화에 적극적으로 참여하게 되고, 이로써 언어 표현력도 향상한다. 물감으로 하는 놀이만으로 활동을 끝내지 말고, 대화를 계속 주고받으며 아이가 놀이를 하나의 이야기로 만들 수 있도록 이끈다. 이야기를 하나의 문장으로 요약하는 글쓰기까지를 자연스럽게 놀이로 인식하도록 하는 것이 중요하며, 글쓰기를 어려워한다면 엄마가 먼저 문장의 첫 부분을 제공해서 도와준다.

발 도장 찍기

1. 발 도장 찍기를 하고 떠오른 것을 그려 보세요.

2. 무엇을 떠올렸는지, 내가 그린 것을 한 문장으로 써 보세요.

⭐ 질문과 대화

1) 사실 질문
그림책에서는 발가락으로 어떤 것들을 떠올렸나요?
커다란 다리에서 발가락은 어디에 숨어 있었나요?

2) 해석 질문
왜 내 발이 지쳤다고 생각했을까요?
장롱 속에 무엇이 들어 있을까요?

3) 적용 질문
내 발가락에게 해 주고 싶은 말은 무엇인가요?
여러분은 발가락을 보면 무엇이 생각나나요?
엄마 아빠 발과 내 발은 어떻게 다른가요?

⭐ 글쓰기

가족의 발 모양 본떠 그리고 편지 쓰기

가족이 함께 모여 큰 종이에 각자의 발을 본떠 그리는 놀이는 그 자체만으로 즐거움을 준다. 서로의 발 모양을 보며 이야기를 나누고, 발가락으로 꼼지락꼼지락 놀이를 하다 보면 어느새 웃음꽃이 퍼지며 화기애애해질 것이다. 본뜬 발 모양을 편지지 삼아 서로에게 전하는 짧은 편지를 쓴다면 더 의미 있는 시간을 만들 수 있다. 가족에게 하고 싶은 말이나 바라는 점을 쓰면서 편지글 쓰는 법을 배우고, 가족에 대한 사랑을 전하는 활동이다.

준비물 : 8절 도화지, 색연필, 사인펜, 필기도구

① 큰 종이에 가족의 발을 올려놓고 발 모양을 본떠 그린다.

② 그린 발과 발가락을 보고 닮은 점이나 다른 점을 이야기한다.
③ 발과 발가락에 어울리는 그림을 덧붙여 그린다.
④ 발 모양을 그린 종이에 가족에게 전하는 짧은 편지를 쓴다.
⑤ 편지를 함께 읽으며 가족끼리 즐거운 시간을 보낸다.

> **유의점**
>
> 가족과 함께하는 몸 놀이는 서로에 대한 친밀감과 사랑을 확인할 수 있는 즐거운 활동이다. 가족의 발을 관찰하고 그려 보는 것, 가족에게 짧은 편지를 쓰는 것 또한 행복한 경험의 하나다. 그림책을 가족의 일상적인 순간과 연결함으로써 책이 주는 재미와 즐거움을 깨닫게 하고, 책에 대한 관심과 흥미를 잃지 않도록 한다. 가족에게 편지 쓰기를 할 때는 가족 간의 사랑과 유대를 강화하는 좋은 기회라는 점을 염두에 두고, 편지글의 완성도에 집착하지 말고 마음껏 칭찬하고 격려해 준다.

가족의 발 모양을 본떠서 그리고 편지를 써 보세요.

가족의 발 모양을 본떠서 그리고 편지를 써 보세요. (예시)

12 도서관에서 책 찾아보기

국어 1학년 2학기 1단원

소중한 책을 소개해요 ③

침팬지 친구가 자신이 좋아하는 책에 대해 이야기하며 즐거워한다. 웃기는 이야기나 무서운 이야기 같은 책의 내용뿐만 아니라 전래 동화·동요·만화 같은 책의 장르, 두껍고 얇은 책의 형태까지, 다양한 그림책을 소개한다. 사각 프레임 장식에 각 책에 대한 힌트를 그려 놓아 아이와 함께 어떤 책인지 맞히는 놀이도 할 수 있다.

『나는 책이 좋아요』
앤서니 브라운 글·그림, 웅진주니어

★ 독후 활동

1) 도서관에 가서 추적 놀이하기

활동 방법

『나는 책이 좋아요』에 등장하는 다양한 그림책을 도서관에 가서 찾아보는 활동이다. 웃기는 책, 노래 책, 괴물 이야기 책 등 주제에 맞는 책들 가운데 한 권씩을 골라서 읽고, 느낀 점을 적는다. 평소 도서관을 자주 이용하거나 책을 많이 읽는 아이라면 주제만 제시해도 쉽게 책을 떠올릴 수 있을 것이다. 도서관에서 다양한 책을 찾아보거나 자신이 좋아하는 책을 찾으며 책 읽기를 생활화하고, 즐겨 읽는 태도를 기르는 것이 목적이다.

준비물 : 활동지, 필기도구
① 도서관의 그림책 코너를 찾아간다.
② 활동지에 적힌 주제에 맞는 그림책을 찾아서 읽는다.

③ 주제에 맞는 책의 제목과 지은이, 읽은 느낌을 간단히 문장으로 써 본다.

> **유의점**
> 이 활동을 할 때는 먼저 도서관의 구역을 정해 주어야 한다. 너무 넓은 범위에서 주제에 맞는 책을 찾으라고 하면 어렵게 느낄 수 있기 때문이다. 유아, 아동 도서 코너에 한정해서 활동하도록 하고, 만약 도서관에 가는 것이 어렵다면 집에 있는 책들 중에서 찾아보는 활동으로 바꾸어도 된다. 책을 읽은 뒤 느낀 점을 쓰는 것을 어려워한다면 간단히 감정 단어로 쓰거나 별점을 주는 것으로 대신할 수 있다. 책을 다 찾은 뒤에는 가장 마음에 드는 책 한 권을 골라서 가족에게 소개하는 활동으로 이어 가도 좋다.

주제에 맞는 책을 찾아라!

도서관에 가서 주제에 맞는 책을 찾아서 읽고, 추천해 주세요.

주제	책 제목	지은이	느낀 점
웃기는 책			
무서운 책			
전래 동화			
노래 책			
숫자 세기 책			
색칠하기 책			
두꺼운 책			
해적이 나오는 책			
공룡이 나오는 책			
괴물이 나오는 책			
특이한 책			

2) 독서 인형 만들기

활동 방법

집이나 도서관에서 내가 좋아하는 다양한 종류의 책을 찾아보고 읽은 뒤, '내가 좋아하는 책'을 소개하는 독서 인형을 만드는 활동이다. 먼저 소개하고 싶은 책을 골라서 그 책의 표지를 따라 그린 다음, 내가 그린 책을 들고 있는 인형을 만든다. 그리고 마치 그 인형이 '내가 좋아하는 책'을 소개하는 것처럼 한다.

준비물 : 책 읽는 인형 도안(또는 A4 크기 색지), 색연필, 가위, 풀 등

① 도안의 책 표지 부분에 '내가 좋아하는 책'의 표지를 보고 따라 그린다.
② 도안의 얼굴 그리기 부분에 인형의 눈, 코, 입, 머리 모양 등을 그리고 색칠한다.
③ 도안의 팔과 다리 부분을 계단 접기 방법으로 접는다.
④ 얼굴 그림의 양옆에 팔을, 아래에 다리를 붙인다.
⑤ 인형의 팔에 내가 그린 책을 붙여서 완성한다.
⑥ 완성한 독서 인형을 가지고 "나는 ○○ 책이 좋아요. 그 이유는…." 하는 방식으로 소개한다.

작품 예시

책 표지 그리기   책 읽는 인형 얼굴 그리기   팔다리 접고 붙이기   팔에 책 붙이기

유의점

먼저 도서관이나 서점에 가서 '내가 좋아하는 책'을 충분히 탐색한 뒤에 만드는 것이 좋다. 아이가 읽은 책 가운데 소개하고 싶은 책을 골라서 책의 제목을 적고 표지를 따라 그리되, 똑같이 그려야 한다는 부담은 주지 않는다. 아이 방식대로 자유롭게 그리도록 안내하고, 인형의 표정을 꾸밀 때도 의견을 최대한 존중해 준다. 만든 독서 인형으로 '내가 좋아하는 책'을 소개할 때는 책의 제목과 함께 좋아하는 이유를 꼭 설명하도록 한다.

독서 인형 만들기

책 앞표지 그리기	책 뒤표지 그리기	팔 1	다리 1	다리 2
인형 얼굴 그리기		팔 2		

* '독서 인형 만들기' 도안은 자료실에서 QR 코드로 내려받기할 수 있습니다.

★ 질문과 대화

1) 사실 질문

고릴라가 좋아하는 책에는 어떤 것이 있나요?

숫자 세기 책 그림에 나오는 숫자는 무엇인가요?

이 그림책에 나오는 책은 모두 몇 권일까요?

2) 해석 질문

고릴라는 책을 읽으면서 어떤 생각을 했을까요?

이상한 이야기 책에는 무엇이 있을까요?

고릴라는 왜 책을 좋아할까요?

3) 적용 질문

내가 좋아하는 으스스하게 무서운 책은 무엇인가요?

내가 좋아하는 전래 동요는 무엇인가요?

내가 좋아하는 괴물 이야기 책은 무엇인가요?

★ 글쓰기

미니 북 만들기

'내가 좋아하는 것'이 무엇인지 생각해 보고, 다양한 손 조작을 통해 책 꼴을 직접 만들어 보는 활동이다. 말하고 글쓰기에 만들기를 더함으로써 창의력과 사고력의 확장을 꾀할 수 있다.

글쓰기 방법

'내가 좋아하는 것'을 단어만 나열해서 책을 만들어도 되고, 글쓰기에 흥미가 있는 아이라면 설명을 덧붙여서 만들어도 된다. 미니 북을 만든 다음에 한 페이지에 하나씩 '내가 좋아하는 것'을 쓰고, 여백에는 원하는 그림을 그려서 꾸민다.

유의점

아직 1학년이므로 글쓰기를 어려워한다면 강요하지 말고 아이가 쓸 수 있는 만큼만 쓰도록 한다. 만약 더 쓰고 싶은 글이 있거나 표현하고 싶은 내용이 있는데 어려워하는 거라면 부모가 거들어 주거나 대신 써 주어도 된다. 활동지에 제시한 방법으로 A4 용지를 이용해서 미니 북 만들기를 해도 되고, 인터넷 사이트에 '스크랩북'을 검색해 구매해서 활용해도 좋다.

미니 북 만들기

* 가위 표시가 된 부분을 오린 뒤에 종이를 모아서 책 꼴을 만들어 주세요.
* '미니 북 만들기' 도안은 자료실에서 QR 코드로 내려받기할 수 있습니다.

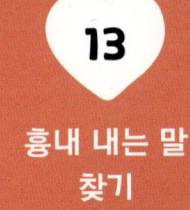

13 흉내 내는 말 찾기

국어 1학년 2학기 2단원

소리와 모양을 흉내 내요

우리에게 익숙한 노래(시)를 표현한 그림책이다. 구슬비가 내리는 날 풀잎과 거미줄 등에 맺힌 물방울을 보며 무당벌레와 달팽이 같은 동물 친구들이 즐겁게 노는 모습을 담고 있다. 비 오는 날의 모습을 아름답게 그렸으며, 소리와 모양을 흉내 내는 말이 많이 들어 있어서 소리 내어 읽는 재미가 있다.

『구슬비』
권오순 글·이준섭 그림,
문학동네어린이

★ 독후 활동

1) 흉내 내는 말 몸으로 표현하기

활동 방법

그림책 『구슬비』에는 송알송알, 조롱조롱, 대롱대롱, 송송송, 포슬포슬, 솔솔솔 같은 흉내 내는 말들이 나온다. 아이와 그림책을 보면서 흉내 내는 말이 어떻게 쓰였는지, 어떤 소리와 모양을 나타내는지 알아본다. 또 흉내 내는 말을 몸으로 어떻게 표현할지 상의해서 율동을 만들고, 그 율동에 맞추어 노래를 불러 본다.

① 그림책에 나오는 흉내 내는 말을 찾는다.
② 흉내 내는 말이 어떻게 쓰였는지 이야기 나눈다.
③ 흉내 내는 말을 어떻게 몸으로 표현하면 좋을지 상의한다.
④ 엄마가 책을 다시 읽어 주고, 흉내 내는 말이 나오는 장면에서 아이가 몸으로 흉내 내는 말을 표현한다.

유의점

흉내 내는 말은 소리를 흉내 내는 말과 모양을 흉내 내는 말로 구분할 수 있다. 여기서는 의성어, 의태어라는 용어보다 그림책에서 흉내 내는 말을 어떤 소리와 모양에 비유했는지 살펴보는 것이 중요하다. 그리고 그 소리와 모양을 생각하면서 몸으로 표현하는 율동을 만들어 보는 것이 핵심이다. 아이가 엄마와 이야기를 주고받으며 몸으로 율동을 만드는 과정에서 창의력과 표현력을 향상시킬 수 있다.

2) 보글보글 구슬비 만들기

활동 방법

그림책을 읽고, 비 오는 날의 풍경과 경험을 떠올리며 다양한 동물 친구들이 빗속에서 노는 모습을 표현하는 활동이다. 비를 표현할 때는 거품 물감과 빨대를 활용해서 우연의 효과를 노리면 재미를 더할 수 있다. 그림책에서 만난 동물 친구들을 그리거나 접어서 붙이며 나만의 구슬비 그림책의 한 장면을 만들어 본다.

준비물 : 종이컵, 도화지, 물감, 빨대, 주방 세제, 색종이 등

① 종이컵에 물감을 짜 넣은 뒤 주방 세제를 조금 넣는다.
② 종이컵 반 정도 양의 물을 넣고 붓으로 물감과 세제를 잘 섞는다.
③ 종이컵에 빨대를 넣고 입김을 불어서 보글보글 거품이 생기는 모습을 관찰한다.
④ 종이컵 위로 거품이 올라오면 준비한 도화지를 거품 위에 살짝 올려서 찍어 준다. 또는 거품을 떠서 도화지에 올린다.
⑤ 여러 가지 색으로 거품 물감을 찍은 뒤에 도화지를 말린다.
⑥ 도화지가 마르면 그림책 속 동물 친구들을 그리거나 종이로 접어서 붙인다.
⑦ 내가 만든 장면을 소리나 모양을 흉내 내는 말을 넣어서 이야기한다.

작품 예시

물감과 주방 세제 섞기

빨대로 불어 거품 물감 만들기

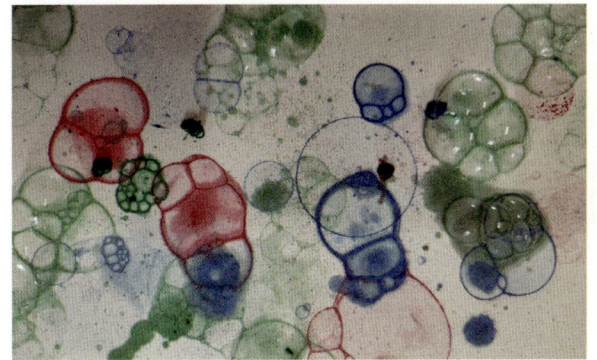
거품 물감을 찍어 내거나 도화지에 비누 거품 불기

동물 친구들 꾸미기

유의점

빨대로 불어서 거품을 만들 때는 물감을 들이마시지 않도록 주의한다. 또 거품 물감을 도화지에 지나치게 많이 올리거나 오래 대고 있으면 찢어질 수 있으니 이 부분도 신경을 쓴다. 주방 세제 사용이 어렵다면 물감을 도화지에 떨어뜨리고 빨대로 불거나, 빨대가 없으면 물감을 도화지에 떨어뜨리고 나서 위아래로 기울이면 된다. 내가 꾸민 장면을 설명할 때는 소리나 모양을 흉내 내는 말을 넣어서 이야기하거나 글로 써 보도록 한다.

보글보글 구슬비 만들기

1. 구슬비를 본 적이 있나요? 언제 어디서 보았나요?

2. 구슬비는 무엇을 닮았나요?

3. 구슬비가 내리는 날 만날 수 있는 동물 친구들은 누가 있나요?

4. 내가 만든 구슬비에 소리나 모양을 흉내 내는 말을 넣어 이름을 지어 보세요.
예) 보글보글 구슬비

5. 내가 만든 구슬비와 동물 친구들을 보며 이야기를 써 보세요.

★ 질문과 대화

1) 사실 질문
'구슬비'에 나오는 흉내 내는 말에는 무엇이 있나요?

이 책에 나오는 동물 친구들은 누구누구인가요?

거미줄에 달린 구슬은 무엇인가요?

2) 해석 질문
구슬비는 왜 풀잎에 대롱대롱 매달렸을까요?

왜 비를 구슬이라고 표현했을까요?

3) 적용 질문
비의 이름을 다르게 지어 본다면 뭐라고 할 수 있을까요?

구슬비를 본 경험이 있나요?

★ 글쓰기

흉내 내는 말 바꾸어서 동시 쓰기

동시는 쓴 사람의 생각과 느낌을 간결하게 담은 글로, 비슷한 말을 반복하면서 운율이 생기고, 흉내 내는 말이 들어 있어서 생동감이 넘친다. 따라서 시 그림책을 읽을 때는 아이와 함께 소리를 내어 리듬감을 살려 읽는 것이 중요하다. 읽으면서 떠오르는 장면을 자연스럽게 이야기 나누거나, 같은 방식으로 쓰인 다른 낱말을 찾아보고, 그 낱말을 바꾸면 어떻게 느낌이 달라지는지 확인하는 것도 재미다. 특히 동시를 노래로 만든 것이라면 노래를 부르면서 즐겁게 활동해 볼 수 있다. 아이에게 처음부터 동시 한 편을 새로 쓰라고 하면 어려워하지만, 일부만 바꾸어 쓰는 것은 '나도 동시를 지을 수 있다'는 자신감을 심어 줄 수 있다.

글쓰기 방법

시를 읽을 때 흉내 내는 말에 집중하면 장면이 더 잘 떠오르고 기억에 오래 남는다. 먼저 '구슬비'에서 흉내 내는 말을 찾아보고, 그 말들이 어떤 상황에 어울리는지 이야기 나눈다. 이때 흉내 내는 말을 몸짓으로 표현하면 더 즐겁게 활동할 수 있다. 이어서 원래 있던 흉내 내는 말을 지우고, 글에 어울리는 다른 흉내 내는 말로 바꾸어 시를 써 본다. 바꾸어 쓴 시를 읽으면서 원래 시와 느낌이 어떻게 달라졌는지 확인한다.

유의점

흉내 내는 말을 바꾸어 쓸 때는 의미가 통하는 문장을 만들어야 하며, 상황에도 맞아야 한다. 문장을 완성했더라도 흉내 내는 말과 맥락이 닿지 않으면 다시 생각해 보도록 한다. 흉내 내는 말을 잘 활용하면 풍부한 언어 사용이 가능해진다. 다른 그림책을 읽을 때 본 흉내 내는 말이 있다면 떠올리도록 하여, 상황에 맞는 바꿔 쓰기가 이루어지도록 지도한다.

흉내 내는 말 바꾸어서 나만의 노래 만들기

1. '구슬비'를 읽고 흉내 내는 말을 찾아서 동그라미를 해 보세요.

구슬비

권오순

송알송알 싸리잎에 은구슬
조롱조롱 거미줄에 옥구슬
대롱대롱 풀잎마다 총총
방긋 웃는 꽃잎마다 송송송

고이고이 오색실에 꿰어서
달빛 새는 창문가에 두라고
포슬포슬 구슬비는 종일
예쁜 구슬 맺히면서 솔솔솔

2. 흉내 내는 말을 바꾸어서 새로 시를 써 보세요.

구슬비

(　　　　　　)

(　　　　　　) 싸리 잎에 은구슬
(　　　　　　) 거미줄에 옥구슬
(　　　　) 풀잎마다 (　　　　)
(　　　　) 웃는 꽃잎마다 (　　　　)

고이고이 오색실에 꿰어서
달빛 새는 창문가에 두라고
(　　　　　　) 구슬비는 종일
예쁜 구슬 맺히면서 (　　　　)

흉내 내는 말 바꾸어서 나만의 노래 만들기 (예시)

1. '구슬비'를 읽고 흉내 내는 말을 찾아서 동그라미를 해 보세요.

구슬비

권오순

(송알송알) 싸리잎에 은구슬
(조롱조롱) 거미줄에 옥구슬
(대롱대롱) 풀잎마다 (총총)
(방긋) 웃는 꽃잎마다 (송송송)

고이고이 오색실에 꿰어서
달빛 새는 창문가에 두라고
(포슬포슬) 구슬비는 종일
예쁜 구슬 맺히면서 (솔솔솔)

2. 흉내 내는 말을 바꾸어서 새로 시를 써 보세요.

구슬비

(   )

(동글동글) 싸리 잎에 은구슬
(달랑달랑) 거미줄에 옥구슬
(살랑살랑) 풀잎마다 (송송)
(싱긋) 웃는 꽃잎마다 (퐁퐁퐁)

고이고이 오색실에 꿰어서
달빛 새는 창문가에 두라고
(댕글댕글) 구슬비는 종일
예쁜 구슬 맺히면서 (풀풀풀)

14 문장으로 표현해요

생각과 느낌 글로 쓰기

국어 1학년 2학기 3단원

가을이 되면 학교에서는 운동회를 한다. 운동장 위에 흔들리는 만국기와 하늘을 가득 채우는 함성 소리가 들리는 운동회날, 아이들은 열심히 경기에 참여하거나 즐겁게 응원을 한다. 공을 굴리고 박을 터뜨리고, 승패에 상관없이 다 같이 웃을 수 있는 가을 운동회를 정겨운 그림과 공감 가는 글로 표현했다.

『가을 운동회』
임광희 글·그림, 사계절

★ 독후 활동

1) 종이 액자 만들기

활동 방법

그림책 『가을 운동회』를 읽고, 주인공처럼 운동회를 하고 나서 가장 기억에 남는 일은 무엇이었는지 떠올리며 액자를 만들어 보는 활동이다. 판매하는 액자를 사서 사진을 끼워 넣으면 편하겠지만, 인상적인 장면을 아이가 직접 그림으로 그리고, 액자 틀을 오리고 붙여서 만든다면 더 즐거운 추억으로 간직할 수 있을 것이다.

준비물 : 활동지(A4 도화지), 엽서, 가위, 풀이나 테이프, 채색 도구, 네임펜

① 유치원 재롱 잔치나 체육 대회 등에서 가장 기억에 남는 장면을 떠올린다.
② 두 장의 활동지(A4 도화지)의 각 모서리 부분을 점선을 따라 오린다.
③ 두 장의 활동지의 앞뒤를 붙인다.
④ 엽서에 가장 기억에 남는 장면을 그린다. 엽서가 없으면 활동지에 직접 그린다. 엽서에

그림을 그렸을 경우, 활동지 위에 붙인다.

⑤ 액자의 틀이 될 부분을 점이나 선 등으로 그려서 꾸민다.

⑥ 액자의 틀이 될 부분을 색연필 등을 사용해서 돌돌 만다.

⑦ 완성한 액자를 집에 전시한다.

작품 예시

각 모서리 부분을 점선을 따라 오린다.   액자의 틀이 될 부분에 점이나 선을 그려서 꾸민다.   연필이나 색연필로 종이를 돌돌 말아서 액자 틀을 만든다.   액자 완성

유의점

제공한 활동지를 사용해도 되지만 아이가 원하는 색이 따로 있다면 A4 도화지를 별도로 구매해서 다양한 색으로 액자 틀을 만들어도 된다. 연필이나 둥근 물건을 사용해서 액자 틀을 말 때는 네임펜으로 그린 무늬가 번지지 않도록 잉크가 다 마른 뒤에 굴리도록 한다. 기억에 남는 일을 떠올릴 때는 어떤 상황이었고, 어떤 기분이 들었는지, 아이의 생각을 문장으로 표현해 보도록 유도한다.

종이 액자 만들기

이곳에 그림을 그려 주세요.	이곳에 액자 무늬를 꾸며 주세요.	이곳에 액자 무늬를 꾸며 주세요.
이곳에 그림을 그려 주세요.	이곳에 액자 무늬를 꾸며 주세요.	이곳에 액자 무늬를 꾸며 주세요.

* '종이 액자' 도안은 자료실에서 QR 코드로 내려받기할 수 있습니다.

2) '작은 운동회' 열고 그림일기 쓰기

> **활동 방법**

그림책 『가을 운동회』를 읽고 나면 실제로 운동회를 하고 싶다는 마음이 들 수 있다. 집에서 '작은 운동회'를 열고 신체 활동을 하는 과정에서 아이의 소근육 발달도 꾀할 수 있다. 운동회를 하고 난 뒤에는 운동회에 대한 다양한 생각을 표현하는 그림일기를 써 본다. 집에서 간단히 할 수 있는 '작은 운동회'를 소개하면 다음과 같다.

- 코끼리 코 돌고 과자 따 먹기

① 실에 과자를 꿰어서 공중에 매단다.
② (엄마랑 아이가 번갈아) 코끼리 코를 하고 그 자리에서 다섯 번 돈다.
③ 실에 매달린 과자를 따 먹는다.

- 색종이 뒤집기

① 단면 색종이 10장~20장을 바닥에 펼친다(색이 있는 쪽과 없는 쪽을 같은 수량으로 펼친다).
② 색이 있는 쪽은 아이 것, 색이 없는 쪽은 엄마 것으로 정한다.
③ 타이머를 30초에 맞춘다.
④ '시작' 신호에 맞추어 각자 자기 색종이를 뒤집는다.
⑤ 30초가 지난 뒤에 각자 뒤집은 색종이의 개수를 센다.
⑥ 많이 뒤집은 쪽이 이긴다.

- 탱탱볼 튕기기

① 플라스틱 접시나 종이 접시 위에 탱탱볼을 올린다.
② 탱탱볼을 튕기며 떨어지기 전까지 개수를 센다.
③ 개수가 많은 쪽이 이긴다.

- 딱지 따먹기

① 아이와 색종이로 딱지를 접는다.

② 접은 딱지로 딱지치기를 한다.

③ 딱지가 넘어가면 넘어간 딱지를 가져온다.

작품 예시 : 딱지 접기

> **유의점**
>
> 아이와 놀이를 하고 난 뒤에는 생각이나 느낌을 말하고 글로 쓰게 하는 것이 좋다. 즐거웠던 그때의 감정을 자연스럽게 글로 쓸 수 있도록 계속 질문하면서 이야기를 이끌어 낸다. 감정을 나타낼 때는 '재미있었다'는 말 외에도 '긴장되었다', '신이 났다', '하늘을 나는 것 같았다' 등 상황에 맞는 다양한 표현을 엄마와의 대화에서 배우도록 한다. 흉내 내는 말을 활용해서 글을 쓰게 하는 것도 효과적이다.

'작은 운동회' 그림일기

엄마와 '작은 운동회'를 하고, 기억에 남는 장면을 그림일기로 표현해 보세요.

○○○○년 ○월 ○일

제목 :

'작은 운동회' 그림일기 (예시)

엄마와 '작은 운동회'를 하고, 기억에 남는 장면을 그림일기로 표현해 보세요.

○○○○년 ○월 ○일

제목 : 딱지치기

오늘 엄마랑 집에서 작은 운동회를 했다.

색종이로 딱지를 많이 접어서 딱지치기를 했다.

너무 열심히 했는지 땀이 뻘뻘 났다.

결과는 내가 지고 엄마가 이겼지만

신나게 놀아서 기분이 날아갈 것만 같았다.

⭐ 질문과 대화

1) 사실 질문

아빠들이 한 경기는 무엇인가요?

1학년들이 춘 춤은 무엇인가요?

박 터트리기를 해서 나온 문장은 무엇인가요?

2) 해석 질문

운동회날 왜 점심시간이 가장 즐거울까요?

그림책의 그림을 보며 이야기해 봅시다. 청군이 이겼을까요, 백군이 이겼을까요? 그렇게 생각하는 이유는 무엇인가요?

가장 재미있어 보이는 경기는 무엇인가요?

3) 적용 질문

유치원에서 했던 운동 경기 중에서 가장 기억에 남는 것은 무엇인가요?

운동회에서 내가 친구들과 하고 싶은 경기는 무엇인가요?

운동회를 한다면 내가 외치고 싶은 응원 구호는 무엇인가요?

⭐ 글쓰기

'부모님의 가을 운동회' 인터뷰하기

1학년 아이에게 자신의 생각을 문장으로 정리하는 일은 쉽지 않다. 반드시 아이가 자신의 생각이나 느낌을 글로 표현할 수 있도록 충분히 이야기를 주고받는 과정이 선행되어야 한다. 이것이 곧 '생각의 주머니'를 열어 주는 일이다. 부모나 조부모의 어릴 적 가을 운동회 이야기를 어른 입장에서 일방적으로 전하는 것이 아니라, 아이가 인터뷰하는 방식으로 진행해 본다. 아이는 질문하기 위해 진지하게 고민할 것이고, 어떤 대답이 나올지 궁금해하며 부모님의 이야기에 귀 기울일 것이다. 어떤 경기를 했는지, 응원은 어떻게 했는지, 도시락은 무얼 먹었는지 등 가을 운동회의 이모저모를 인터뷰하면서 지금과 달랐던 옛날 일들을 이야기 나누고 글로 써 본다.

글쓰기 방법

부모님의 어릴 적 가을 운동회 이야기를 아이가 묻고 부모님이 대답하는 인터뷰 방식으로 진행한다. 인터뷰를 한 뒤에는 아이 입장에서 자신이 경험한 운동회와 같거나 다른 점을 말하고, 이어서 부모님 입장에서 옛날과 지금의 운동회가 달라진 점을 말한다. 아이에게 함께 나눈 이야기 가운데 가장 기억에 남는 일은 무엇인지, 그 이유는 무엇인지 묻고, 그것을 글로 쓰도록 한다.

준비물 : 활동지

① 활동지의 질문 목록을 보면서 부모님을 인터뷰한다.
② 부모님의 대답을 들으면서 내용을 간단하게 단어 위주로 적는다.
③ 내가 하고 싶은 다른 질문이 있다면 한다.
④ 내가 경험한 운동회와 부모님의 운동회에서 같은 점은 무엇인지, 다른 점은 무엇인지 이야기 나눈다.
⑤ 인터뷰 중에서 가장 기억에 남는 한두 가지를 고른다. 여기에 내 생각을 보태어 문장으로 써 본다.

유의점

아이가 생각을 글로 쓰기 어려워할 경우에는 부모님의 가을 운동회 이야기를 듣고 어떤 마음이 들었는지, 왜 그런 마음이 들었는지부터 물어본다. 그리고 예를 들어, "엄마는 운동회날 부채춤을 추었다고 한다. 나도 부채춤을 추어 보고 싶다. 한복을 입고 부채춤을 추면 예쁠 것 같기 때문이다."라고 쓸 수 있다. 먼저 아이가 인터뷰하면서 알게 된 사실을 쓰고, 그때 든 감정이나 생각을 덧붙이는 것이다. 글의 길이나 시제가 맞는지 여부보다 부모님의 이야기를 듣고 든 아이의 생각이나 느낌을 표현하도록 하는 데 중점을 둔다.

'부모님의 가을 운동회' 인터뷰하기

1. '부모님의 가을 운동회'에 대해 인터뷰하고 간단히 적어 보세요.

가을 운동회 때 한 경기 중에서 가장 기억에 남는 것은 무엇인가요?	
가을 운동회날 점심 도시락으로 무엇을 먹었나요?	
가을 운동회날 했던 응원 구호나 노래는 무엇이었나요?	
가을 운동회에서 졌을 때(이겼을 때) 기분은 어땠나요?	
내가 하고 싶은 질문	

2. 부모님의 가을 운동회를 인터뷰하고 나서 든 생각이나 느낌을 글로 써 보세요.

'부모님의 가을 운동회' 인터뷰하기 (예시)

1. '부모님의 가을 운동회'에 대해 인터뷰하고 간단히 적어 보세요.

가을 운동회 때 한 경기 중에서 가장 기억에 남는 것은 무엇인가요?	달리기를 하다가 넘어져서 꼴찌 한 게 가장 기억에 남아요.
가을 운동회날 점심 도시락으로 무엇을 먹었나요?	엄마가 싸 주신 김밥을 먹었어요.
가을 운동회날 했던 응원 구호나 노래는 무엇이었나요?	"청군 이겨라!", "백군 이겨라!" 하고 응원을 했고, "따르릉 따르릉 전화 왔어요. 청군이 이겼다고 전화 왔어요."라는 노래도 불렀어요.
가을 운동회에서 졌을 때(이겼을 때) 기분은 어땠나요?	이겨서 만세를 부를 때 기분이 날아갈 것 같았어요. 졌을 때도 하루 종일 놀아서 나쁘지 않았어요.
내가 하고 싶은 질문	아빠가 다시 하고 싶은 운동회 경기는 무엇인가요?

2. 부모님의 가을 운동회를 인터뷰하고 나서 든 생각이나 느낌을 글로 써 보세요.

우리 아빠는 운동회에서 달리기 꼴찌를 했다고 한다.

달리다 넘어졌다고 하는데 그래도 끝까지 달렸다고 하신다.

나라면 울어 버렸을 텐데, 엄청 멋지다.

아빠가 운동회날 불렀던 노래도 가르쳐 주셨는데 재미있어서 자꾸 따라 불렀다.

1학년 운동회날 우리 아빠랑 손잡고 같이 달리고 싶다.

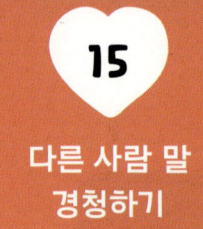

15 다른 사람 말 경청하기

국어 1학년 2학기 4단원

바른 자세로 말해요 ①

귀가 아주 큰 꼬마 토끼 토토는 귀가 큰 데 비해 남이 하는 말을 잘 듣지 못해서 엉뚱한 행동을 자주 한다. 속상한 마음에 양쪽 귀를 탈탈 턴 토토의 귀에서 말벌레 왱왱이가 나온다. 말을 빼앗기지 않으려고 노력한 토토는 이윽고 딴생각하는 친구들의 말을 가로채 먹는 말벌레를 떠나보낼 수 있게 된다. 상대방의 말을 귀 기울여 듣고 적절하게 반응하는 태도를 갖도록 돕는 그림책이다.

『딴생각하지 말고 귀 기울여 들어요』
서보현 글·손정현 그림, 상상스쿨

★ 독후 활동

1) 상상화 그리기

활동 방법

그림책을 읽고 나서 이 책과 관련한 내용을 상상해 보는 활동이다. 주인공 토토는 엄마뿐만 아니라 친구들의 이야기를 잘 못 듣는 아이다. 만약 이 세상이 토토처럼 상대방의 이야기를 잘 못 듣는 사람들로만 넘쳐난다면 어떻게 될까? 이런 상상을 하고, 그림으로 그려 본다.

준비물 : 활동지(도화지), 채색 도구

① 그림책을 읽고 나서 토토가 상대방의 이야기를 들을 수 없었던 이유는 무엇인지, 생각해 본다.

② 이 세상 사람이 모두 토토처럼 상대방의 이야기를 들을 수 없다면 어떻게 될까, 이야기

해 본다.

③ 상상하고 말한 내용을 토대로 활동지(도화지)에 상상화를 그린다.

④ 그림을 다 그리면 자신이 그린 상상화에 대해 설명한다.

유의점

상상화 그리기를 할 때는 이 책의 주제인 '사람들이 남의 말을 잘 듣지 못하는 이유'를 청각 장애 때문이 아니라 다른 사람들의 말에 집중하지 않아서인 경우로 한정한다. 그렇지만 혹시 아이가 이 주제를 어려워하거나 책을 읽고 나서 그림으로 표현해 보고 싶어 하는 다른 내용이 있다면 융통성 있게 변경해서 진행해도 된다.

상상화 그리기

1. 이 세상 모든 사람이 듣지 못한다면 어떤 일이 벌어질지 상상해서 그려 보세요.

2. 내가 그린 그림을 말로 설명하고 간단히 써 보세요.

2) '○○에 가면 ○○도 있고' 말놀이하기

그림책을 읽기 전과 후에 가볍게 할 수 있는 말놀이 활동이다. 우리가 가는 일상적인 공간을 장소 카드를 활용해서 놀이를 해 본다. 카드에서 '시장'이라는 장소를 선택했다면 시장에서 있을 법한 일들을 말로 나열하는데, 앞사람이 먼저 말한 것을 반복하고 이어서 내가 생각한 것을 말해야 한다. 여기서 토씨를 틀리거나 순서를 잘못 말하거나 그 장소에 있다고 보기 힘든 것을 말하면 놀이는 끝난다. 뒤로 갈수록 잘 듣고 기억해야 할 것이 많아지므로 상대방의 말에 집중하게 된다. 기억력과 집중력을 높일 수 있는 놀이이기도 하다.

활동 방법

① 독서 전후, 말놀이로 활용한다. 시간제한을 3분 정도로 설정한다.
② 활동지의 장소 카드를 보이지 않게 바닥에 펼쳐 놓고 무작위로 하나를 고른다. 고른 카드를 뒤집어서 장소를 확인한다.
③ 장소 카드에 '시장'이 나왔다면, 부모가 먼저 "시장에 가면 오이도 있고~"라고 시작하고, 이어서 아이가 "시장에 가면 오이도 있고, 사과도 있고~"라고 받는다. 다시 부모가 "시장에 가면 오이도 있고, 사과도 있고, 오징어도 있고~" 하는 식으로 이어 가면 된다.
④ 앞에 나온 것을 틀리게 말하거나 순서를 바꾸거나 엉뚱한 것을 말하면 놀이는 끝난다.

유의점

'○○에 가면 ○○도 있고' 놀이는 뒤로 갈수록 기억할 내용이 많아져서 길게 이어 가기 어려울 수 있다. 그래서 굳이 시간제한을 둘 필요도 없지만, 놀이의 긴장감을 더하기 위해 제한 시간을 정해 둔다. 정해진 시간 안에서 반복하다 보면 틀리더라도 조금씩 기억하는 말의 수가 늘어날 수 있다. 제안하는 장소는 가급적 익숙한 곳으로 선정하는 것이 좋고, 가족끼리 추억할 만한 장소가 있다면 활동지 카드에 덧붙여서 활용하면 된다. 연습을 충분히 하고 난 뒤라면 장소 대신에 다른 것을 대입해도 좋다. 이때는 '(장소)에 가면'과는 맞지 않을 수 있으므로 적절히 대처한다. 예) '유튜브를 보면 ○○도 있고', '책을 읽으면 ○○도 있고.'

'○○에 가면, ○○도 있고' 말놀이하기

제시한 장소에 있는 물건을 연달아 말하면 되는 놀이다. 장소가 '시장'이라면
A : 시장에 가면 오이도 있고, B : 시장에 가면 오이도 있고, 사과도 있고,
A : 시장에 가면 오이도 있고, 사과도 있고, 오징어도 있고.

시장에 가면	학교에 가면
극장에 가면	마트에 가면
병원에 가면	바다에 가면

⭐ 질문과 대화

1) 사실 질문
토토의 귀에는 누가 살고 있었나요?
왱왱이는 무엇을 먹고 사나요?
왜 토토의 귀에 왱왱이가 살게 되었을까요?

2) 해석 질문
다른 사람의 말을 잘 듣지 못한 이유가 무엇이었나요?
왱왱이가 다시 토토의 귀에 들어간다면 어떻게 될까요?

3) 적용 질문
다른 사람의 말에 집중하려면 토토가 알려 준 방법 말고 또 무엇이 있을까요?
내 귓속에 왱왱이 말벌레가 살았던 적이 있나요? 있다면 언제인가요?

⭐ 글쓰기

부모님과 대화하고 소감 쓰기
　오늘 학교에서 있었던 일을 부모님과 눈 맞추고 자신감 있게 말한 뒤에, 그 소감을 써 보는 활동이다. 책에서 다루는 내용이 '상대의 말을 귀 기울여 듣는 자세의 중요성'이므로, 그림책의 내용에 걸맞게 아이가 부모님 말씀을 귀 기울여 듣고 대화하는 데 초점을 맞춘다. 학교에서 있었던 일이 아니더라도 아이가 대화하고 싶어 하는 주제가 있다면 바꿔서 이야기를 나눠도 상관없다.

글쓰기 방법
　초등학교 1학년은 자신의 생각을 논리적으로 정리해서 글을 쓰기에는 어려움이 있다. 글쓰기보다 그림책의 내용에 맞게 '상대의 이야기를 귀 기울여 듣는 자세'에 중점을 둔다. 아이가 부모와 대화하고 나서 '귀 기울여 듣고 대화하기'에 대한 소감을 말하면 그 말을 그대로 적는 것이 글쓰기가 된다.

준비물 : 활동지

① 아이와 학교에서 있었던 일에 대해 이야기를 나눈다.
② 아이에게 부모님의 말씀을 귀 기울여 듣고 대화한 소감을 말하게 한다.
③ 아이가 말한 소감을 활동지에 적도록 한다. 부모님이 적어 주어도 된다.

유의점

이야기를 나눌 때는 반드시 학교에서 있었던 일이 아니라 아이가 흥미 있어 하는 다른 주제의 대화를 해도 된다. 중요한 것은 그림책의 주제에 맞도록, 대화를 주고받는 대상인 부모님의 말씀에 귀 기울이도록 하는 것이다. 이 시기의 아이들은 자신의 생각을 말하는 것을 좋아하는 편인데, 그만큼 상대의 이야기를 귀 기울여 듣는 것이 얼마나 중요한지도 알게 한다.

부모님과 대화하고 소감 쓰기

부모님의 말씀을 귀 기울여 듣고, 서로 이야기 나눈 소감을 써 보세요.

부모님과 대화하고 소감 쓰기 (예시)

부모님의 말씀을 귀 기울여 듣고, 서로 이야기 나눈 소감을 써 보세요.

엄마, 아빠께 오늘 학교에서 있었던 일을 말씀드리니 재미있게 들어주셨다.

아빠는 친구들이랑 싸우지 말고 사이좋게 지내야 한다고 하셨다.

엄마는 선생님 말씀을 잘 들어야 한다고 하셨다.

엄마, 아빠랑 이야기를 하니 즐거웠다.

이렇게 자주 이야기를 나누면 좋겠다.

국어

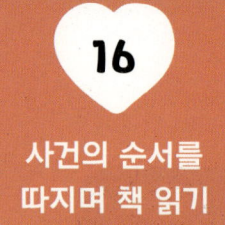

16 사건의 순서를 따지며 책 읽기

국어 1학년 2학기 4단원

바른 자세로 말해요 ②

콩 한 알이 어떻게 해서 송아지가 되는지, 그 과정을 보여 주는 그림책이다. 어느 날 아버지는 세 딸에게 콩 한 알씩을 나눠 주고, 이걸로 할아버지 생신 선물을 준비하라고 이른다. 과연 세 딸은 콩 한 알로 어떻게 할까? 아이들의 호기심과 궁금증을 자극하는 흥미진진한 이야기가 펼쳐진다.

『콩 한 알과 송아지』
한해숙 글·김주경 그림,
애플트리태일즈

★ **독후 활동**

1) 엄마에게 그림책 읽어 주기

활동 방법

아이가 엄마에게 그림책을 읽어 주는 활동이다. 잘 읽어야 한다는 부담을 가진 아이에게 종이 인형을 이용해서 놀이로 인식하도록 하는 것이 중요하다. 활동지에 제시한 등장인물 종이 인형을 딱딱한 종이에 붙인 다음 오려서 써도 되고, 딱딱한 종이를 구하기 어려우면 종이 인형만 오려서 빨대나 나무젓가락을 붙인 다음 활용해도 된다. 등장인물이 마치 책 속에서 나온 것처럼 대화체 문장 부분에서 종이 인형을 들고 읽으면 된다.

준비물 : 그림책, 등장인물 종이 인형 도안, 딱딱한 종이, 풀, 가위

① '등장인물 종이 인형' 도안을 인쇄해서 딱딱한 종이에 붙이고 등장인물 하나하나를 가위로 오린다. 손잡이 부분도 오려서 붙인다.

② 딱딱한 종이가 없을 때는 '등장인물 종이 인형' 도안만 오려서 손잡이 자리에 빨대나 나

무젓가락을 붙여서 활용한다.

③ 『콩 한 알과 송아지』를 아이가 엄마에게 읽어 준다. 등장인물의 말따옴표가 있는 장면에서는 그 인물에 해당하는 종이 인형을 들고 읽는다.

> **유의점**
>
> 아이가 엄마에게 책을 읽어 주는 활동이므로 그림책의 상황에 맞게 글의 느낌과 분위기를 살려서 읽을 수 있도록 지도한다. 아이가 책 읽기에 자신 없어 한다면 페이지마다 글의 내용과 흐름에 대한 이야기를 먼저 나누고 읽도록 한다. 그럼에도 상황을 파악하면서 글 읽기를 부담스러워하면 책을 읽는 그 자체를 격려하고 응원하는 것으로 충분하다. 아이가 등장인물 종이 인형 때문에 책 읽기에 집중하지 못한다면 종이 인형은 엄마가 들어 줘도 된다.

2) '나만의 그림 카드' 만들기

활동 방법

'나라면 콩 한 알을 어떻게 사용할지' 아이와 함께 생각해 보고 이야기 나누는 활동이다. 먼저 그림책을 읽는 과정에서 '나라면 어떻게 할지'를 생각해 보도록 하고, 결정했다면 콩 한 알로 할 수 있는 일을 순서대로 4단계로 정리한다. 아이가 정리한 내용을 도화지 카드에 다 그리면, 엄마가 카드 네 장을 링으로 묶어 준다.

준비물 : 링, 도화지 카드 네 장(또는 활동지), 채색 도구

① 콩 한 알로 할 수 있는 일을 떠올리고 4단계로 정리한다.
② 도화지 카드에 생각한 순서대로 그림을 그린다.
③ 그림을 다 그리면 아이가 도화지 카드 네 장을 섞는다.
④ 섞은 도화지 카드를 엄마가 올바른 순서대로 배열한다.
⑤ 순서가 맞는지 아이에게 확인한다.
⑥ 도화지 카드를 링으로 묶어 준다.

작품 예시

그림 카드 　　　　　　　카드 묶음

'나만의 그림 카드' 만들기

*'그림 카드' 도안은 자료실에서 QR 코드로 내려받기할 수 있습니다.

유의점

카드에 그림을 그려 나만의 그림 카드를 만들 때는 아이에게 어떤 상황을 표현한 것인지 물어보고, 올바른 문장으로 대답하도록 지도한다. 그림은 아이가 원하는 대로 자유롭게 상상해서 그리게 해도 되지만, 어느 정도 사건의 인과 관계가 드러나도록 정리하는 것이 좋다. 인과 관계를 따져 보는 과정에서 사고력이 높아지기 때문이다.

⭐ 질문과 대화

1) 사실 질문

막내딸은 아버지에게 받은 콩을 어떻게 했나요?

막내딸은 콩 하나로 무엇을 만들어 왔나요?

마지막에 첫째 딸과 둘째 딸은 어떤 딸이 되었나요?

2) 해석 질문

콩 하나가 송아지가 될 수 있었던 이유는 무엇인가요?

첫째 딸과 둘째 딸이 버린 콩은 어떻게 되었을까요?

막내 동생을 보며 두 언니는 어떤 생각이 들었을까요?

3) 적용 질문

나에게 콩 한 알이 생긴다면 무엇을 하고 싶은가요?

내가 엄마 아빠를 기쁘게 해 줄 수 있는 방법은 무엇일까요?

⭐ 글쓰기

뒷이야기 상상해서 쓰기

어떤 이야기를 듣고 뒷이야기를 상상해서 쓰는 것은 아이의 상상력을 키우는 데 도움이 된다. 그리고 개연성 있게 뒷이야기를 잘 연결하려면 앞에 나온 내용을 정확히 파악하고 있어야 한다. 사실 질문과 해석 질문을 통해 아이가 이야기의 내용을 잘 파악하고 있는지를 확인하고, 적용 질문으로 뒷이야기의 다양한 전개를 충분히 생각해 보도록 한다. 두 과정을 제대로 거쳐야 뒷이야기 쓰기를 원활하게 할 수 있다.

글쓰기 방법

먼저 등장인물과 이야기의 배경, 일어난 사건 등을 잘 파악하고 있는지 확인하고 나서 뒷이야기를 상상해 보도록 한다. 이때 등장인물의 특성을 파악할 수 있도록 성격 등을 알 수 있는 행동이나 말을 상기해 주면 좋고, 주요 사건을 중심으로 시간의 흐름에 따라 이야기를 간추린다. 마지막 장면이 무엇이었는지까지 확인 다음, "그래서 이 뒤에는 어떻게 되었을 것 같아?"라는 질문을 하고, 그 대답으로서 뒷이야기를 상상하고 글로 쓰도록 한다.

준비물 : 활동지

① 등장인물, 이야기가 이루어진 시간적·공간적 배경을 확인한다.
② 이야기 속 사건의 흐름을 시간 순서에 맞춰 정리한다.
③ 등장인물의 성격이나 특징에 대해 이야기한다.
④ 이야기한 내용을 바탕으로 앞으로 어떤 일이 일어날지 상상해 본다.
⑤ 상상한 내용에 꼬리를 무는 질문을 하여 이야기를 이어 가도록 한다.
⑥ 지금까지 이야기한 내용을 바탕으로 뒷이야기를 완성한다.

> **유의점**
>
> 등장인물의 성격과 특징에 대해 충분히 이야기를 나누면 사건의 흐름에 맞는 뒷이야기를 풀어 가기가 수월해진다. 아이가 뒷이야기를 상상하는 것을 어려워하면 글의 마지막 문장에 초점을 맞춰 "세 딸은 아버지를 모시고 잘 살았다는데, 어떻게 지냈을 것 같아?"라거나 "지혜롭고 효심 가득한 딸들이 되었다는데, 어떻게 효도를 하며 살았을까?" 같은 질문을 해서 뒷이야기를 구체적으로 상상해 보고 글을 쓸 수 있도록 한다. 아이가 상상한 뒷이야기를 글로 다 쓰면 책(이야기)을 처음부터 다시 읽되, 마지막에 아이가 쓴 뒷이야기를 붙여서 한 편으로 읽게 한다.

『콩 한 알과 송아지』 뒷이야기 쓰기

1. 그림책을 읽고 이야기를 순서에 따라 정리해 보세요.

① 큰딸은 입을 삐죽 내밀며 콩 한 알을 창밖으로 던져 버렸어요.

② 아버지가 세 딸을 불러서 콩 한 알씩을 주며 할아버지 생신 선물을 준비하라고 하셨어요.

③ 둘째 딸은 콩을 밭에 심고는 까맣게 잊어버렸어요.

④ 세 딸은 아버지를 모시고 잘 살았대요.

⑤ 병아리가 자라 닭이 되고 다시 닭은 병아리를 많이 낳아 금세 자라 모두 내다 팔아서 송아지 한 마리를 샀어요.

⑥ 막내딸은 콩 한 알로 꿩을 잡고, 시장으로 가서 꿩을 암평아리와 수평아리로 바꾸었어요.

⑦ 할아버지 생신날, 막내딸의 이야기를 들은 아버지는 함박웃음이 피어났어요.

( ) → ( ) → ( ) → ( ) → ( ) → ( ) → (④)

2. 『콩 한 알과 송아지』의 뒷이야기를 상상해서 써 보세요.

고운 말을 해요

17 고운 말하는 습관 기르기

국어 1학년 2학기 6단원

몽몽 숲에 이사 온 달콤 박쥐는 활짝 웃으며 인사하고 긍정적으로 말한다. 그에 비해 뾰족 박쥐는 늘 투덜대기 바쁘고 부정적으로 말한다. 결국 달콤 박쥐의 과일나무에는 과일이 잔뜩 열리는데 뾰족 박쥐의 가시나무에는 딱딱한 열매만 열리게 된다. 두 박쥐의 모습을 통해 긍정적인 생각과 고운 말의 중요성을 깨우쳐 주는 그림책이다.

『몽몽 숲의 박쥐 두 마리』
이혜옥 글·이은진 그림,
한국차일드아카데미(점자책)

★ 독후 활동

1) 대본 만들고 낭독극하기

활동 방법

엄마와 아이가 그림책 속 등장인물들의 역할을 나누어 맡고, 실제로 그들이 대화하는 것처럼 글을 읽는 활동이다. 먼저 그림책에서 말따옴표 안에 들어 있는 글이 등장인물이 하는 말(대사)임을 이해하고, 등장인물별로 말따옴표 안에 있는 문장을 정리해서 대본으로 만든다. 대본을 완성하면 엄마와 아이가 몇 인물씩 역할을 맡고, 마치 그 사람이 말하는 것처럼 읽는다(낭독극).

준비물 : 그림책, 활동지

① 그림책을 읽고 등장인물을 찾는다.
② 그림책 한 페이지마다 등장인물들의 행동을 살펴보고, 말따옴표 안에 들어 있는 글이

등장인물들이 말하는 것임을 알게 한다.
③ 말따옴표를 중심으로 등장인물들의 대사를 극 대본으로 만든다.
④ 엄마와 아이가 역할을 정해 대본을 실감나게 읽는다.

유의점

1학년 아이가 극 대본을 쓰기란 쉽지 않다. 처음부터 대본을 만드는 것이 어렵다면 일단 예시 자료를 낭독해 보고 나서 시도한다. 대본에 등장인물에 맞는 대사를 넣기 전에 반드시 아이에게 "그 상황에서는 어떤 말을 하는 게 좋을 것 같아?"라는 질문을 하고, 여기에 대한 이야기를 나눈 다음 그림책에 나오는 말따옴표의 글을 중심으로 정리하도록 한다. 대사를 완성하고 낭독극을 하는 동안에 배경 음악을 틀어 놓거나 주변에 있는 물건을 이용해 효과음을 내 주면 더 실감나게 할 수 있다. 처음부터 활동지 예시 자료로 낭독극을 해도 된다.

『몽몽 숲의 박쥐 두 마리』 낭독극 대본 만들기

	『몽몽 숲의 박쥐 두 마리』 낭독극 대본 만들기 (예시)
상냥 박쥐 :	나무님! 나무님에게는 좋은 향기가 나요.
향기 나무 :	안녕! 고맙구나. 여기서 마음껏 놀렴.
툴툴 박쥐 :	이 냄새 나는 나무야! 윽, 이건 무슨 냄새냐?
방구 나무 :	흥! 이 냄새도 맡아 봐라! 뿡~~~
툴툴 박쥐 :	윽, 냄새가 너무 심해! 숨이 막힐 것 같아.
상냥 박쥐 :	툴툴 박쥐야, 괜찮니?
툴툴 박쥐 :	괜찮아 보이니? 치, 신경 쓰지 마!
상냥 박쥐 :	와~ 나비님, 안녕하세요. 참 예쁘시네요.
나비 :	고마워요. 이렇게 반갑게 대해 주니 참 좋네요.
툴툴 박쥐 :	이 나비는 또 뭐야? 귀찮으니까 저리 가!
나비 :	흥, 나도 너한테는 안 갈 거야.
상냥 박쥐 :	친구들이 왔네. 정말 반가워!
친구들 :	반가워, 함께 놀자.
툴툴 박쥐 :	난 너네랑 친구 아니야. 시끄러우니까 조용히 해!
친구들 :	우리도 너랑은 안 놀아, 흥!
상냥 박쥐 :	달님, 달님 덕분에 주변이 환하게 잘 보여요. 감사합니다.
툴툴 박쥐 :	환하니까 잠을 잘 수가 없네, 달님 때문이야.
상냥 박쥐 :	나무님, 나무 열매에서 좋은 향기가 나요. 맛있어요, 고맙습니다.
툴툴 박쥐 :	윽, 이건 맛이 왜 이래? 퉤! 배고픈데 먹을 수가 없잖아.
상냥 박쥐 :	툴툴 박쥐야, 배고프지. 나랑 같이 이 열매 먹자, 아주 맛있어.
툴툴 박쥐 :	정말 맛있는데. 상냥 박쥐야, 고마워! 덕분에 잘 먹었어.
상냥 박쥐 :	툴툴 박쥐야, 우리 앞으로도 잘 지내자.

2) 달콤 박쥐의 나무 열매 그리기

> 활동 방법

그림책에서 달콤 박쥐의 고운 말을 듣고 자란 과일나무에는 탐스런 과일이 주렁주렁 열렸다. 이렇게 아이가 달콤 박쥐가 되었다고 가정하고, 뾰족 박쥐와 함께 지낼 나무에 고운 말 열매를 그려 보는 활동이다. '고운 말을 들은 나무에는 어떤 열매가 열릴까' 생각해 보고, 다양한 나무 열매를 그리도록 한다. 또 '상대방을 배려하는 긍정적이고 좋은 말에는 어떤 것이 있을까' 생각해 보고, 열매 안에 써 넣도록 한다.

준비물 : 활동지, 도화지나 색종이, 가위, 풀, 채색 도구

① 나무에 가지만 그려 놓은 활동지와 도화지(색종이)를 준비한다.
② 도화지에 달콤 박쥐가 사는 나무에 열릴 열매를 상상해서 그린다(그리기 어려우면 활동지의 과일 열매 도안을 인쇄하고 오려서 사용한다).
③ 나무 열매에 내가 듣고 싶은 고운 말을 적는다.
④ 열매에 어울리는 색칠을 한 뒤 오려서 나무에 붙인다.
⑤ 고운 말 열매가 열리는 나무의 이름을 지어 준다.

작품 예시

나무 그림 준비하기

열매 그리기

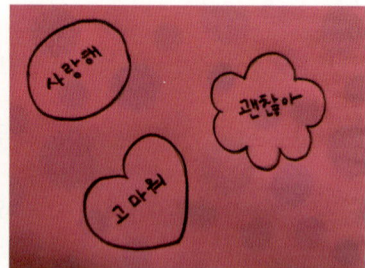
열매 안에 고운 말 쓰기

열매 붙여서 나무 완성하기

유의점

달콤 박쥐가 사는 나무의 열매는 아이가 먹어 본 것을 떠올려서 그리도록 한다. 단, 모양과 색깔을 제한하지 말고 아이의 상상에 따라 자유롭게 그려 보게 한다. "고운 말을 하는 달콤 박쥐의 말을 듣고 자란 나무에는 어떤 모양의 열매가 열릴까?", "어떤 색일까?" 등을 질문해서 아이의 생각 주머니를 열어 주는 것이 중요하다. 열매 안에 고운 말을 써 넣을 때는 아이가 부모님이나 친구들에게 듣고 싶은 말을 떠올려서 쓰도록 한다. 열매를 그림으로 그려서 표현해도 되지만, 집에 열매 달린 나무 화분이 있다면 그것을 따서 모빌처럼 매다는 활동을 해도 좋다.

달콤 박쥐의 나무 열매 그리기

1. 달콤 박쥐가 살 나무의 열매를 그려서 붙여 보세요.

사랑과 행복이 열리는 나무

2. 달콤 박쥐가 사는 나무의 열매 안에 내가 듣고 싶은 고운 말을 써 보세요.

* '나무'와 '과일 열매' 도안은 자료실에서 QR 코드로 내려받기할 수 있습니다.

★ 질문과 대화

1) 사실 질문

달콤 박쥐가 자리 잡은 곳은 어디인가요?

뾰족 박쥐가 자리 잡은 곳은 어디인가요?

2) 해석 질문

숲속 동물들은 뾰족 박쥐의 말을 듣고 어떤 생각을 했을까요?

3) 적용 질문

가시나무는 뾰족 박쥐의 말을 듣고 어떤 생각을 했을까요?

내가 뾰족 박쥐라면 가시나무에게 어떤 말을 해 주었을까요?

★ 글쓰기

달콤 박쥐의 고운 말 따라 하기

달콤 박쥐는 언제나 활짝 웃으며 고운 말을 쓴다. 나무에게도 주변의 다른 동물 친구들에게도 늘 친절하다. 투덜대고 짜증만 내다가 혼쭐이 나는 뾰족 박쥐와 달리 부드럽고 친절하게 고운 말을 건네는 달콤 박쥐를 통해 올바른 대화 방법을 배울 수 있다. 달콤 박쥐가 친구들에게 어떤 말을 했는지를 떠올리며 달콤 박쥐처럼 고운 말을 써 보는 활동이다.

글쓰기 방법

그림책을 읽고 달콤 박쥐가 했던 말들을 떠올려 본다. 아이와 함께 그림책을 읽을 때는 서로 역할을 나누어 달콤 박쥐가 했던 말은 아이가 직접 소리 내어 읽도록 한다. 달콤 박쥐가 한 말과 뾰족 박쥐가 한 말을 비교해 보고, 각각 소리 내어 따라 읽는 동안 고운 말의 필요성을 깨닫게 하는 것이 중요하다. 이후에는 활동지의 문장을 읽고, 괄호 안에 들어갈 고운 말을 아이 스스로 생각해서 써 보도록 한다.

준비물 : 활동지, 필기도구

① 그림책을 읽고, 달콤 박쥐가 했던 말들을 떠올려 본다.
② 달콤 박쥐가 한 말과 뾰족 박쥐가 한 말을 비교해 본다.
③ 고운 말을 쓰는 것이 왜 중요한지 이야기 나눈다.
④ 활동지의 문장을 읽고, 괄호 안에 들어갈 고운 말을 자유롭게 써 넣는다.

유의점

일상생활 속에서 늘 바르고 고운 말을 쓰는 습관을 기르기 위해 하는 활동이지만, 그림책에 나오는 달콤 박쥐의 말을 그대로 옮겨 쓰게 할 필요는 없다. 주어진 상황과 대상에 맞춰 아이 스스로 하고 싶은 고운 말을 쓰도록 한다. 달콤 박쥐의 친절한 마음과 태도, 상황에 맞는 고운 말 쓰기를 본받는 것이 중요하므로 어떤 표현이든 자유롭게 쓸 수 있도록 허용한다.

달콤 박쥐의 고운 말 따라 하기

달콤 박쥐의 고운 말을 떠올려 보고
( ) 안에 알맞은 고운 말을 넣어 보세요.

① 달콤 박쥐가 처음 만난 나무에게 상냥하게 인사를 합니다.
( )

② 몽몽 숲에 날아온 나비에게 달콤 박쥐가 친절하게 말합니다.
( )

③ 동물 친구들이 찾아오자 달콤 박쥐가 반갑게 인사합니다.
( )

④ 보름달을 만난 달콤 박쥐는 정답게 인사합니다.
( )

⑤ 과일나무에 열매가 열리자 달콤 박쥐는 나무에게 예의 바르게 말합니다.
( )

⑥ 뾰족 박쥐가 가시나무에 매달려 울자 달콤 박쥐가 날아와 달래 줍니다.
( )

⑦ 달콤 박쥐가 뾰족 박쥐에게 맛있는 열매를 줍니다.
( )

18 어휘력 키우기

국어 1학년 2학기 7단원

무엇이 중요할까요

무엇이든 나오는 요술 맷돌을 훔친 도둑이 바다 한가운데서 소금을 만들다가 끊임없이 소금이 나오는 바람에 배가 가라앉았고, 그래서 바닷물이 짜졌다는 옛이야기를 다루고 있다. 욕심이 과하면 화를 부른다는 교훈을 아이들 눈높이에 맞춰 재미있게 표현한 그림책이다.

『소금을 만드는 맷돌』
홍윤희 글·한태희 그림, 예림당

★ 독후 활동

1) 나에게 요술 맷돌이 생긴다면?

활동 방법

이야기를 읽고, 그림책에 나오는 요술 맷돌이 나에게도 생긴다면 무엇을 달라고 하고 싶은지 그림으로 그려 보고, 그 이유를 설명하는 활동이다. 요술 맷돌을 움직이게 할 때와 멈추게 할 때 필요한 주문도 만들어 외면서 그림책의 장면을 따라 해 본다.

준비물 : 활동지, 도화지, 채색 도구, 가위

① 요술 맷돌에서 무엇이 나오면 좋을지 생각해 본다.
② 생각한 것들을 도화지에 그리고 색칠한다.
③ 그린 것을 가위로 오린다.
④ 요술 맷돌을 움직이게 하고 멈추게 하는 데 필요한 주문을 만들어서 써 본다.
⑤ 주문을 외면서, 만든 것을 하나씩 가져다 요술 맷돌 옆에 놓는다.

⑥ 왜 그 물건들을 갖고 싶은지 이야기 나눈다.

작품 예시

| 내가 갖고 싶은 것 그리기 | 주문 만들기 | 주문 외면서 갖고 싶은 물건 가져오기 | 활동지에 붙여서 완성하기 |

유의점

요술 맷돌을 움직이게 하는 주문과 멈추게 하는 주문에는 정답이 없으므로 아이가 마음껏 상상해서 만들도록 한다. 요술 맷돌에서 나오는 물건에도 제한이 없다. 단, 그리는 것보다 만드는 것을 좋아하는 아이라면 빈 상자에 손잡이를 달아서 맷돌을 만들어 미리 물건을 넣어 둔다. 주문을 외면서 상자 속에서 물건을 하나씩 꺼내면서 역할 놀이를 즐긴다.

요술 맷돌 만들기 : 나와라, ○○○!

1. 요술 맷돌이 생긴다면! 나만의 요술 맷돌을 만들어 보세요.

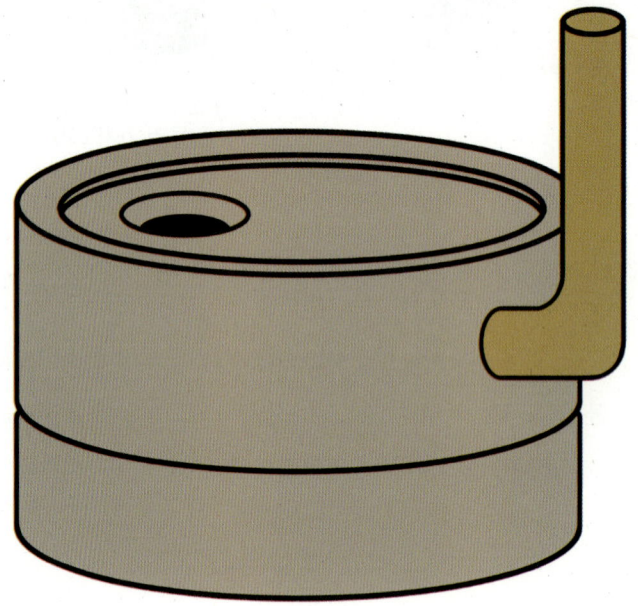

2. 내가 만든 주문은 무엇인가요?

맷돌을 움직이게 할 때 :

맷돌을 멈추게 할 때 :

2) 몸으로 말해요!

활동 방법

엄마가 그림책을 읽어 주면 아이가 여기에 맞춰 몸으로 표현하는 활동이다. 이야기의 내용을 몸으로 표현하려면 낱말과 문장을 집중해서 듣고, 글 전체의 맥락을 잘 이해하고 있어야 한다(문해력). 처음에는 아이와 함께 그림책을 읽으며 내용을 파악하고, 두 번째에는 엄마가 흉내 내는 말을 읽어 주면 아이가 몸으로 표현해 보도록 한다. 아이가 활동에 흥미를 보이면 다시 한번 책을 죽 읽어 주고 이번에는 글 전체 내용에 맞추어 몸으로 표현해 보도록 한다.

준비물 : 그림책

① 아이와 함께 그림책을 읽는다.

② 엄마가 그림책에서 흉내 내는 말이 나온 부분만 읽어 주고, 아이는 그에 맞는 동작을 생각해서 몸으로 표현한다.

③ 다시 엄마가 그림책을 읽어 주고, 아이는 전체적인 내용에 맞추어 몸으로 표현한다(엄마가 "배고픈 백성들에게는 쌀을 나누어 주고"라는 문장을 읽으면, 아이가 '쌀을 나누어주는 행동'을 한다).

④ 아이와 몸으로 표현한 소감을 이야기 나눈다.

유의점

엄마가 그림책을 읽어 줄 때 아이가 글과 그림을 다 이해한 다음에 몸으로 표현하도록 한다. 어휘력은 문해력의 바탕이 되므로 어휘의 뜻을 정확히 알아야 이야기의 흐름을 파악할 수 있다. 특히 흉내 내는 말의 의미를 분명히 알도록 한다. 이야기 전체를 몸으로 표현하기 힘들어하면 아이가 가장 재미있어 하는 장면만 골라서 몸으로 표현하게 해도 된다.

활동 예시

살금살금

스리슬쩍

허겁지겁

스스륵 쏙

기우뚱

풍덩

⭐ 질문과 대화

1) 사실 질문
도둑이 맷돌을 훔쳐서 처음으로 주문한 것은 무엇인가요?

도둑은 임금님의 방에 어떻게 들어갔나요?

도둑은 왜 맷돌을 들고 바다로 갔을까요?

2) 해석 질문
소금이 나오는 것을 멈추게 하는 주문은 무엇일까요?

도둑이 맷돌을 탐낸 이유는 무엇일까요?

3) 적용 질문
나에게 요술 맷돌이 생긴다면 무엇을 달라고 하고 싶은가요? 그 이유는?

나에게 소금처럼 귀한 것은 무엇인가요?

⭐ 글쓰기

의성어와 의태어 다른 단어로 바꿔 쓰기
그림책에서는 재미있는 이야기를 기반으로 의성어와 의태어를 적절히 활용하고 있다. '살금살금', '끼룩끼룩', '스르륵' 같은 단어의 뜻이나 느낌을 잘 알지 못하는 아이라도 책을 읽다 보면 앞뒤 맥락을 통해 의미를 파악하는 것이 가능해진다. 책을 읽은 뒤에 의성어와 의태어 학습을 구체화하는 방법으로서, 원래 단어를 대체할 다른 단어를 떠올려서 글을 써 보는 활동이다.

글쓰기 방법
엄마가 책을 읽어 줄 때 의성어와 의태어가 나오는 부분에서는 몸짓이나 발성을 최대한 강조하여 아이가 그 뜻을 추측할 수 있도록 한다. 활동지를 활용해 의성어와 의태어를 바른 글씨로 따라 써 보고, 바꿔 써도 의미가 통하는 다른 단어를 생각해서 다시 써 보게 한다.

준비물 : 활동지

① 의성어와 의태어를 실감 나게 읽으며 책을 완독한다.
② 의성어와 의태어를 대체할 수 있는 다른 말을 넣어서 다시 책을 읽는다.
③ 부모님과 함께 활동지 문제를 해결한다.

유의점

아직 1학년이므로 의성어나 의태어라는 표현을 사용하여 지도하지 않도록 주의한다. 그냥 소리를 흉내 내는 말, 동작을 흉내 내는 말이라고 설명하면 된다. 아이가 몸으로 표현하는 것을 좋아한다면 엄마가 읽어 주는 의성어나 의태어에 맞는 동작을 몸으로 표현하도록 이끌면 되고, 혹시 부담스러워하면 억지로 할 필요는 없다. 흥미롭게 참여하는 것이 중요하다.

흉내 내는 말을 다른 말로 바꿔 쓰기

1. 다음은 동작이나 소리를 흉내 내는 말입니다. 큰 소리로 읽고 따라 써 보세요.

살금살금	

뜻 :

허겁지겁	

뜻 :

끼룩끼룩	

뜻 :

스르륵	

뜻 :

2. 파란색으로 표시한 낱말을 다른 말로 바꿔 써 보세요.

① 끼룩끼룩 갈매기 우는 소리가 들렸어요.

→

② 살금살금 문을 열고 방으로 들어갔어요.

→

2. 파란색으로 표시한 낱말을 다른 말로 바꿔 써 보세요. (예시)

① 끼룩끼룩 갈매기 우는 소리가 들렸어요.

→ 깍깍 / 시끄럽게 갈매기 우는 소리가 들렸어요.

② 살금살금 문을 열고 방으로 들어갔어요.

→ 조용조용 / 조심조심 문을 열고 방으로 들어갔어요.

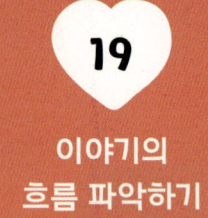

19 이야기의 흐름 파악하기

국어 1학년 2학기 8단원

띄어 읽어요 ①

도시에 사는 솔이네 가족이 시골 할머니 댁에 가면서 벌어지는 귀성길 풍경과 할머니 댁에 도착한 뒤에 추석을 지내는 모습을 담은 그림책이다. 사실적인 그림으로 표현해서 책을 읽는 동안 자연스럽게 우리 고유의 명절인 추석에 먹는 음식과 놀이, 풍습 등을 알아볼 수 있다.

『솔이의 추석 이야기』
이억배 글·그림, 길벗어린이

★ 독후 활동

1) 솔이네 차례상 꾸미기

활동 방법

그림책을 읽고, 차례상에 올릴 음식을 색깔 점토로 만들어 보는 활동이다. 먼저 추석에 차례를 지내는 이유에 대해 알아보고, 차례상에 올리는 음식과 그 의미에 대해서도 이야기 나눈다. 색깔 점토로 차례상에 올리는 음식들을 만들어서 상차림도 해 본다.

준비물 : 색깔 점토, 병뚜껑, 두꺼운 종이

① 차례를 지내는 이유, 차례상에 올리는 음식과 그 의미에 대해 이야기 나눈다.
② 차례상에 올라가는 음식 가운데 내가 만들어 보고 싶은 음식을 정한다.
③ 정한 음식을 책이나 인터넷에서 찾아보고 재료와 만드는 방법, 모양 등을 알아본다.
④ 색깔 점토로 내가 정한 음식 몇 가지를 작은 크기로 만든다.

⑤ 병뚜껑을 접시라 생각하고 만든 음식들을 올린다.

⑥ 두꺼운 종이를 사각형으로 잘라 상을 만들고 상차림을 해 본다.

작품 예시

재료 준비하기

병뚜껑에 점토 채우기

음식 만들어 병뚜껑 위에 올리기

완성한 차례상

유의점

지역이나 집안에 따라 차례상에 올리는 음식과 상차림 방법이 조금씩 다를 수 있다는 점을 설명해 주고 나서 차례 음식을 만든다. 무엇보다 차례 음식에 담긴 의미와 정성껏 음식을 만들어 조상의 뜻을 기리는 마음이 중요하다는 사실을 알려 준다.

조물조물 차례 음식 만들기

1. 우리나라 전통 차례상의 모습입니다.
( ) 안에 들어갈 음식 이름을 써 보세요.

2. 내가 차례상에 올리고 싶은 음식을 정해서 그려 보고, 색깔 점토로 만들어 보세요.

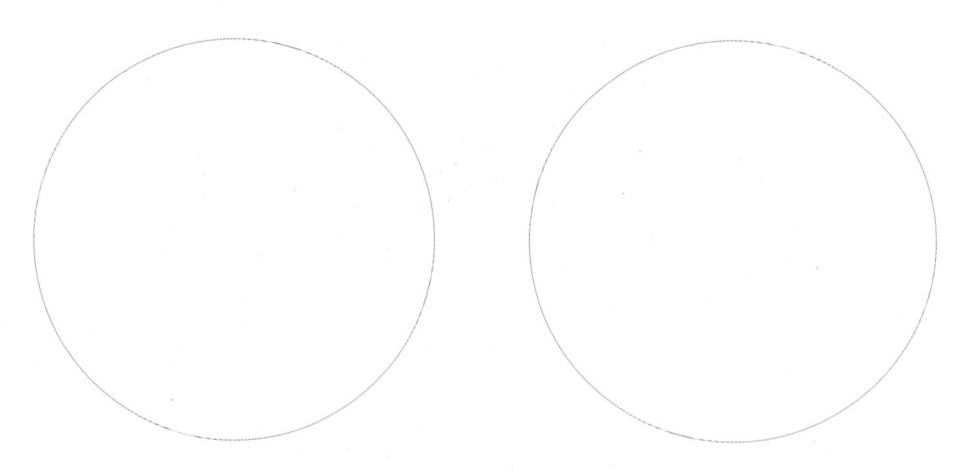

2) 이야기 순서에 맞게 배열하고 알맞게 띄어 읽기

활동 방법

엄마가 읽어 주는 그림책의 이야기를 듣고, 아이가 글의 흐름을 정확하게 이해했는지 확인하는 활동이다. 글을 정확히 이해하려면 알맞게 띄어 읽는 것이 중요하다. 먼저 활동지의 문장을 가위로 오려서 섞은 다음, 아이가 이야기를 순서에 맞게 배열하도록 지도한다. 글을 순서에 맞게 배열하려면 문장을 하나씩 꼼꼼하게 읽어야 한다. 이야기를 순서에 맞게 완성했으면 알맞게 띄어 읽는 연습을 한다.

준비물 : 활동지, 가위

① 활동지를 가위로 오린다.
② 순서를 섞는다.
③ 문장을 순서에 맞도록 배열한다.
④ 순서에 맞춰 놓은 이야기를 정확하게 띄어 읽는다.

유의점

글의 의미를 제대로 파악하기 위해서는 알맞게 띄어 읽는 것이 중요하다. 아이는 글을 눈으로 빠르게 읽고 제대로 이해하지 못했으면서도 다 안다고 생각하는 경우가 많다. 엄마가 그림책을 읽어 줄 때 띄어 읽기를 정확히 하고, 아이도 천천히 또박또박 읽도록 지도한다. 분량이 많으면 적절히 조절해 주고, 빨리 읽으라고 강요하지 않는다.

이야기 순서에 맞게 문장 배열하기

두 밤만 지나면 추석이기 때문에 동네 사람들은 고향 갈 준비를 합니다.

솔이네 식구들도 아침 일찍 집을 나와 버스를 타러 갔습니다.

고향에 가는 사람들은 많았습니다.

할머니를 만났습니다.

온 가족이 모여 맛있는 음식을 먹었습니다.

추석 날 아침 일찍 차례를 지냈습니다.

산길을 따라 성묘도 갔습니다.

농악대의 장단에 신나는 놀이판이 벌어졌습니다.

할머니께서 싸 주신 음식을 들고 집에 왔습니다.

솔이는 할머니 꿈을 꿉니다.

* '이야기 순서에 맞게 문장 배열하기'는 자료실에서 QR 코드로 내려받기할 수 있습니다.

이야기 순서에 맞게 문장 배열하고 알맞게 띄어 읽기

두 밤만 지나면 V 추석이기 때문에 V 동네 사람들은 V 고향 갈 준비를 합니다. V

솔이네 식구들도 V 아침 일찍 집을 나와 V 버스를 타러 갔습니다. V

고향에 가는 사람들은 많았습니다. V

할머니를 만났습니다. V

온 가족이 모여 V 맛있는 음식을 먹었습니다. V

추석 날 아침 일찍 V 차례를 지냈습니다. V

산길을 따라 V 성묘도 갔습니다. V

농악대의 장단에 V 신나는 놀이판이 벌어졌습니다. V

할머니께서 싸 주신 V 음식을 들고 V 집에 왔습니다. V

솔이는 V 할머니 꿈을 꿉니다. V

★ 질문과 대화

1) 사실 질문
차례상에 올라가는 음식은 무엇인가요?

추석에 하는 일은 무엇인가요?

솔이네 가족은 추석 때 어디에 가나요?

2) 해석 질문
동네 사람 모두 왜 바쁘게 고향에 갈까요?

할머니께서는 어떤 마음으로 음식을 싸 주실까요?

송편은 어떤 모양을 본뜬 걸까요?

3) 적용 질문
우리 가족은 추석 때 무엇을 하며 지내나요?

우리 가족이 추석 때 해 먹는 음식은 무엇인가요?

★ 글쓰기

'나의 추석 이야기' 만들기

그림책을 읽고 '나의 추석 이야기'를 써 보는 활동이다. 아이들은 자신의 경험을 이야기하는 것을 좋아해서, 솔이네 가족이 추석을 지내는 모습을 보며 자연스럽게 우리 가족과 비교하게 된다. 솔이네와 우리 가족이 추석을 보낼 때 비슷한 점은 무엇인지, 또 다른 점은 무엇인지 이야기 나눠 본다. 추석이라는 명절이 갖는 고유의 의미를 이해하되 추석을 지내는 모습이 집안마다 다를 수 있음을 설명한다.

글쓰기 방법

그림책을 통해 추석에 하는 일이나 놀이 등에 대해 알아보고, 우리 가족이 추석을 지내는 방법을 이야기한다. 그림책에서 소개하는 흐름에 따라 추석을 준비하기 위해 하는 일, 추석에 찾아뵙는 어른, 추석날 하는 일이나 만드는 음식, 하는 놀이 등을 찾아본다. 아이가 추석을 떠올릴 때 가장 기억에 남는 장면은 무엇인지, 그림으로 그리고 이를 설명하는 글을 쓴다.

준비물 : 활동지, 채색 도구

① 솔이네 가족의 추석 이야기를 정리해 본다.
② 우리 가족이 추석을 지내는 방법에 대해 이야기 나눈다.
③ 가장 기억에 남는 일을 떠올려 '나의 추석 이야기'를 글과 그림으로 완성한다.

유의점

현대 사회에서 명절의 의미가 퇴색하면서 추석날 가족끼리 모이지 않거나 음식이나 놀이 등을 하지 않는 집도 많다. 이런 경우에는 솔이네 추석 이야기를 읽고, 내가 해 보고 싶은 놀이나 하고 싶은 일을 상상해서 '나의 추석 이야기'를 써 보게 한다. 아이가 글쓰기를 어려워하면 그림책의 텍스트를 그대로 가져다 살짝만 변형해서 쓰는 것도 허용한다. 글쓰기에 대한 부담을 갖지 않도록 하는 것이 중요하다.

나의 추석 이야기

1. 솔이네 가족은 추석을 어떻게 지내나요?
( )에 알맞은 말을 넣어 보세요.

온 가족이 모여 ( )을 빚습니다.

꼬불꼬불 산길을 따라
온 가족이 ( )를 갑니다.

2. '나의 추석 이야기'를 글로 써 보세요.

나의 추석 이야기 (예시)

1. 솔이네 가족은 추석을 어떻게 지내나요?
(   )에 알맞은 말을 넣어 보세요.

온 가족이 모여 (**송편**)을 빚습니다.

꼬불꼬불 산길을 따라
온 가족이 (**성묘**)를 갑니다.

2. '나의 추석 이야기'를 글로 써 보세요.

우리 가족은 추석날 대구 할머니 댁에 갑니다.

대구까지는 5시간이나 걸립니다.

그래도 할머니 댁에 가면 맛있는 걸 잔뜩 먹어서 좋습니다.

특히 엄마가 만든 전은 정말 맛있습니다.

추석날 아침에는 차례를 지내고, 사촌들도 와서 같이 윷놀이를 합니다.

너무 즐거워서 매일매일 추석이면 좋겠습니다.

20 문장 만들기

국어 1학년 2학기 8단원

띄어 읽어요 ②

엄마 품에 폭 안길 만큼 '아주 작은' 아이는 단추 하나 채우기도 양말을 신는 것도 쉽지 않지만, 서툴러도 하나씩 자기 힘으로 해내며 자라고 있다. 평범한 일상의 순간들이 모여서 아이는 자라고, 어느새 엄마를 자기 품에 안아 줄 정도로 훌쩍 커 있다. 화분의 새싹과 더불어 하루하루 자라는 아이의 성장을 담은 그림책이다.

『나는 자라요』
김희경 글·염혜원 그림, 창비

★ **독후 활동**

1) '나는 자라요' 문장 완성하기

활동 방법

그림책에서 주인공 아이가 경험하는 작은 일상들, 밥을 오물오물 씹어 먹고, 엄마한테 혼나고, 색종이를 오려 붙이는 그 모든 순간이 성장의 자양분이 된다는 것을 깨닫게 하는 활동이다. 그림책에 등장하는 단어들을 모아 카드를 만들고, 아이가 그 순간순간 무엇을 경험하며 자라고 있는지 말놀이를 통해 확인한다.

준비물 : 그림책, 단어 카드, 필기도구

① 아이와 그림책을 함께 읽으며 소감을 나눈다.
② 그림책에 나오는 단어들이 적힌 카드를 보이지 않게 뒤집어서 바닥에 흩어 놓는다.
③ 무작위로 단어 카드 한 장을 집어서 내용을 확인한다.
④ 선택한 단어를 넣어 "나는 자라요. ○○○하며 나는 자라요." 하고 자신의 경험을 문장

으로 완성한다.

⑤ 놀이를 마치면 서로 칭찬하고 격려하며 따뜻하게 안아 준다.

활동 예시

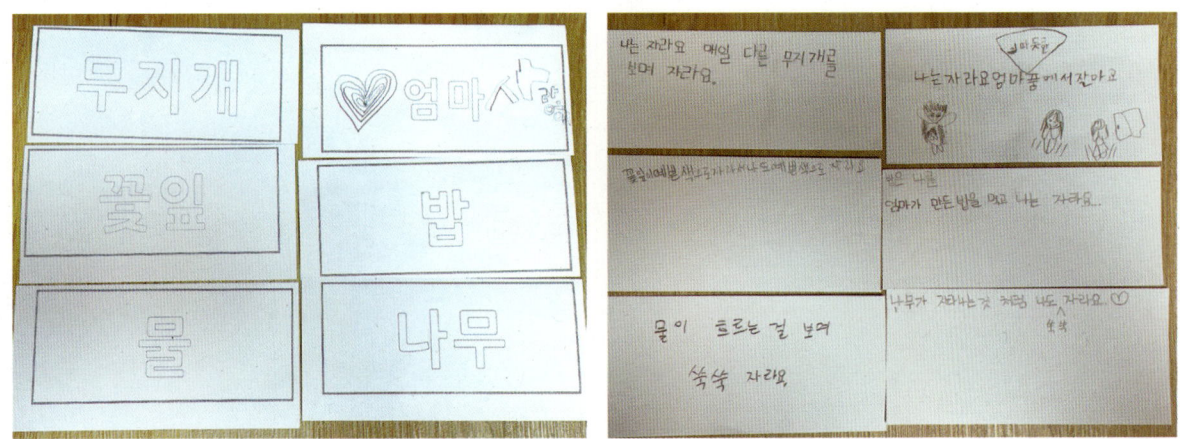

나는 자라요. 매일 다른 무지개를 보며 자라요.

나는 자라요. 꽃잎이 예쁜 색으로 자라듯 나도 예쁘게 자라요.

나는 자라요. 물이 흐르는 걸 보며 쑥쑥 자라요.

나는 자라요. 엄마의 따뜻한 품에서 잘 자라요.

나는 자라요. 엄마가 만든 밥을 먹고 나는 자라요.

나는 자라요. 나무가 자라나는 것처럼 나도 쑥쑥 자라요.

유의점

1학년 아이가 단어만 보고 문장을 만들기는 아직 어려울 수 있다. 먼저 엄마와 함께 그림책을 보면서 주인공 아이가 매 순간 경험하는 것을 어떻게 생각하고 느끼는지 충분히 감상하는 시간을 갖는다. 그래도 문장 쓰기를 어려워하면 즉흥적인 말로 표현하게 하고, 카드 뒤에 아이의 표현을 받아 적은 뒤에 함께 읽는다. 활동을 마치면 그림책의 처음과 마지막 장면처럼, 아이의 성장을 응원하는 마음으로 따뜻하게 안아 주면서 정서적 교감을 나눈다.

'나는 자라요' 단어 카드

엄마	하루하루	색종이	내 이름
밥	순간	놀이터	친구
물	목구멍	생각	꿈속
거북이	하늘	오리	비행기
눈물	동생	심장	무지개
구름	강	나무	꽃잎

* '나는 자라요 단어 카드' 도안은 자료실에서 QR 코드로 내려받기할 수 있습니다.

2) 양파 싹 키우며 성찰 인사하기

활동 방법

그림책에서 주인공 아이는 매일매일 일상의 경험을 자양분 삼아 자라고 있다. 그런 아이 곁에서 작은 화분도 함께 성장하고 있는 모습을 볼 수 있다. 그림책에서처럼 아이가 집에 있는 화분을 돌보는 경험을 해 보는 것은 어떨까? 양파나 고구마처럼 물에 담가 두기만 해도 잘 자라는 식물을 키우는 것도 좋은 추억이 될 것이다. 식물이 뿌리내리고 잎을 틔우는 과정을 지켜보면서 매일 성찰 인사를 나누고, 잠자리에 들기 전에는 그날 있었던 일을 되돌아보는 시간을 갖는다. 작은 경험이라도 "나는 오늘 학교에서 친구들과 ○○○하면서 조금 더 자랐어요."라고 성찰 인사를 해 보는 것이다. 아이가 스스로에게 하는 성찰 인사를 들으며, 부모는 곁에서 아이의 성장을 격려하고 응원해 준다.

준비물 : 양파나 고구마, 투명 컵

① 집에 있는 양파나 고구마 등 뿌리채소를 골라 물로 살짝 씻는다.
② 투명한 컵에 채소의 뿌리만 잠길 정도로 물을 넣는다.
③ 컵을 성찰 인사를 나눌 수 있는 안전한 장소에 올려놓는다.
④ 잠자리에 들기 전에 "나는 오늘 ○○○하면서 조금 더 자랐어요"라고 하루의 경험을 성찰하는 말을 한다.
⑤ 부모는 아이의 말을 경청하고 따뜻하게 안아 준다.

유의점

화분 관리도 아이와 함께 하는 것이 좋다. 2~3일에 한 번씩 물을 갈아 주어 물이 혼탁해지지 않도록 한다. 아이의 몸이 자라는 것과 마찬가지로 마음과 생각이 어떻게 자라고 있는지, 매일 이야기를 나누며 정서적으로 교감한다.

양파 싹 키우기

성찰 인사하기 (예시)

- 나는 오늘 급식에서 콩을 두 개나 먹었어요.
 콩을 먹으니 몸이 더 튼튼하게 자라요.

- 나는 오늘 친구를 도와주었어요.
 나의 마음이 착하게 자라고 있어요.

- 나는 오늘 동생을 돌보아 주었어요.
 동생도 나를 좋아하며 자라요.

★ 질문과 대화

1) 사실 질문

나는 언제 자라나요?

아이는 어떤 꿈을 꾸고 있나요?

2) 해석 질문

엄마에게 혼나는 순간에도 자라는 이유는 무엇일까요?

아이가 엄마에게 혼난 이유는 무엇일까요?

3) 적용 질문

나는 언제 자란다고 생각하나요?

내가 자라서 꼭 안아 주고 싶은 사람은 누구인가요? 그 이유는 무엇인가요?

★ 글쓰기

'내가 자라고 있다'고 느낀 순간 떠올리며 글쓰기

그림책에는 아이가 하루하루 조금씩 자라는 여러 상황이 잘 드러나 있다. 밥을 오물오물 씹는 순간, 엄마한테 혼나는 순간, 동생을 껴안아 주는 순간 등 셀 수 없이 많은 순간의 경험이 모여서 아이가 자라고 있다는 것을 전해 준다. 그림책에서 표현한 것 외에도 아이가 자라는 순간은 많을 것이다. 아이와 함께 조금씩 자라게 하는 여러 순간을 찾아서 이야기 나누고, 글로 써 본다. 아이 스스로 자신이 성장하고 있다는 것을 느끼게 하는 것이 중요하다.

글쓰기 방법

그림책을 읽으며 매일 조금씩 자라는 순간들에 대해 이야기를 나눠 본다. 먼저 책에서 제시한 순간을 아이는 어떻게 생각하고 있는지 질문한다. 일상의 사소한 순간들을 어떻게 느끼고 있는지, 거기서 무엇을 배웠는지 이야기를 나누는 과정에서 아이 스스로 자신이 자라고 있음을 깨닫도록 한다. 또 책에서 제시한 내용 말고도 아이가 자신이 자라고 있다는 것을 느낀 순간은 언제였는지 묻거나, 엄마는 언제 아이가 자라고 있다고 느꼈는지 그 순간을 이야기해 주는 것도 좋다. 아이와 함께 충분히 대화를 나눴다면 활동지를 읽고 글을 써 보도록 한다.

> **유의점**
>
> 그림책을 읽고 아이와 충분한 대화를 나누었다면 아이는 자신의 생각을 어렵지 않게 글로 쓸 수 있을 것이다. 하지만 아이가 자신이 자라고 있다는 것을 잘 깨닫지 못하거나 글쓰기를 어려워한다면 그림책에서 제시한 순간들을 참고해서 쓰는 것도 좋다. 또 엄마와 함께 보낸 하루 생활을 돌아보며 엄마가 느낀 성장의 순간을 짚어 줄 수도 있다. 무엇보다 아이가 자신의 하루를 떠올리며 매 순간 조금씩 자라고 있다는 것을 알게 해 주는 것이 중요하다.

내가 자라고 있는 순간

내가 자라고 있다고 느낀 순간은 언제인가요? (　　　) 안에 써 보세요.

하루하루 조금씩 나는 자라요.

(　　　　　　　　　　　　) 순간이나

(　　　　　　　　　　　　) 때에도

나는 자라요.

(　　　　　　　　　　　　) 때나

(　　　　　　　　　　　　) 때에도

나는 자라요.

나무처럼 쑥쑥,

꽃잎처럼 활짝!

나는 자라요.

21 설명하는 글쓰기

인물의 말과 행동을 상상해요 ①

국어 1학년 2학기 10단원

여러 동물을 닮은 괴물의 모습을 다양한 의태어로 표현하여 아이들이 동물의 특징을 잘 이해할 수 있도록 만든 그림책이다. 어느 날 괴물이 별들을 모두 삼키고 사라지자 노랑이, 초록이, 주홍이는 별을 찾아 길을 떠난다. 마침내 괴물을 만난 아이들은 별처럼 멋있어지고 싶은 괴물의 마음을 알고 꾀를 써서 문제를 해결한다.

『별을 삼킨 괴물』
민트래빗 플래닝 글·그림, 민트래빗

★ 독후 활동

1) 괴물은 또 무엇을 삼켰을까, 상상해서 그리기

활동 방법

그림책에 등장하는 괴물은 친구를 사귀기 위해 자신이 필요하다고 여기는 여러 가지 물건을 삼킨다. 그 물건들 외에 괴물은 또 무엇을 삼켰을까? 아이가 상상한 것을 그림으로 그려 보게 한다. 엄마와 즐겁게 이야기를 주고받는 가운데 친구를 사귀는 데 필요한 것은 무엇인지 생각해 보는 활동이다.

준비물 : 괴물 도안, 색연필, 필기도구

① 그림책에서 괴물이 별을 삼킨 이유는 무엇인지, 이야기 나눈다.
② 괴물은 친구를 사귀기 위해 별 이외에 또 무엇을 삼켰을지 상상해 본다.
③ 상상한 것을 괴물 도안에 그리고, 그 이유를 써 본다.

④ 친구를 사귀기 위해 정말 필요한 것은 무엇인지, 이야기 나눈다.

작품 예시

유의점

그림책에 나오는 괴물의 모습을 그대로 제시해도 되지만, 직접 괴물의 모습을 그리게 하면 아이의 상상력을 자극해서 더 재미있게 참여할 수 있을 것이다. 아이만의 독창적인 괴물이 탄생할 수 있도록 엄마가 그림책을 읽어 주면서 토끼와 사자, 악어, 원숭이의 대답을 통해 괴물의 모습을 유추할 수 있도록 한다. 그때 아이의 머릿속에 떠오르는 괴물의 모습을 그리게 하면 된다. 아이가 상상 속의 괴물 모습 그리기를 부담스러워한다면 활동지의 괴물 도안을 활용한다.

괴물이 삼킨 것 그리기

1. 별을 삼킨 괴물은 친구와 함께 놀고 싶어서 또 무엇을 삼켰을까요? 친구를 사귀는 데 필요한 것을 떠올려 그림으로 그려 보세요.

2. 왜 이런 것을 삼켰다고 생각했는지, 그 이유를 써 보세요.

2) 스크래치 페이퍼에 별자리 그리기

> **활동 방법**

도화지에 크레파스나 유화 물감을 색칠하고 그 위에 다른 색을 덧칠한 뒤 뾰족한 도구로 표면을 긁어내면 밑바탕에 원래 칠한 색이 드러난다. 이를 스크래치 기법이라고 한다. 지금까지 아이들은 주로 도화지에 크레파스를 색칠하고 덧칠하는 방법으로 스크래치 기법을 표현했는데, 스크래치 페이퍼를 활용하면 좀 더 쉽게 표현할 수 있다.

준비물 : 스크래치 페이퍼, 끝이 뾰족한 우드 스틱(나무젓가락을 깎아서 써도 됨), 큰 종이나 비닐

① 그림책을 읽고 괴물이 별을 삼킨 이유에 대해 아이와 함께 이야기를 나눈다.

② 별을 부러워하는 괴물처럼 아이가 부러워하거나 닮고 싶은 대상이 있는지, 있다면 누구인지, 이야기 나눈다.

③ '내가 만든 밤하늘 별자리' 활동지에 밤하늘의 별자리를 상상해서 스케치한다.

④ 스케치한 것을 바탕으로 스크래치 페이퍼에 우드 스틱을 사용해서 그림으로 표현한다.

작품 예시

> **유의점**
>
> 덧칠한 색을 긁어내서 밑바탕에 감추어진 색감을 밖으로 표출하는 스크래치 기법은 사용하는 도구나 방법에 따라 아이에게 다양하고 화려한 색채의 마술을 보여 주며 색다른 경험을 선사할 것이다. 예기치 않은 기대감과 상상력을 극대화하는 이 기법을 통해 아이가 창의성과 호기심을 충분히 발휘하게 하려면 자유롭고 허용적인 분위기를 만들어 주는 것이 중요하다. 덧칠을 긁어내는 과정에서는 손이나 옷에 가루가 묻을 수 있으니 바닥에 큰 종이나 비닐을 깔고, 가루가 묻은 손을 입에 넣지 않도록 주의한다.

내가 만든 밤하늘 별자리

밤하늘에 떠 있는 나만의 별자리를 상상해서 스케치하고, 그 장면을 스크래치 페이퍼에 그려 보세요.

★ 질문과 대화

1) 사실 질문
괴물은 어떻게 생겼나요?
아이들은 어떤 동물들을 만났나요?
아이들은 동물 친구들에게 어떤 질문을 했나요?

2) 해석 질문
괴물은 왜 별들을 삼켰을까요?
빛이 사라지자 마을 사람들은 왜 슬퍼했나요?

3) 적용 질문
내가 만들고 싶은 별자리는 무엇인가요?
나라면 괴물에게 어떻게 별자리를 돌려받을 수 있을까요?

★ 글쓰기

상상한 괴물을 흉내 내는 말로 설명하기

'쿵쿵', '반짝반짝' 처럼 소리나 모양을 표현한 말을 흉내 내는 말이라고 한다. 말을 하거나 글을 쓸 때 흉내 내는 말을 사용하면 같은 내용이라도 더 재미있고 실감 나게 표현할 수 있고, 듣는 사람도 더 쉽게 이해할 수 있다. 그림책『별을 삼킨 괴물』에서도 괴물의 모습을 다양한 흉내 내는 말로 표현하고 있다. 재미있는 발상으로 괴물을 그리며 창의성을 키우고, 자신이 그린 괴물의 모습을 흉내 내는 말로 묘사하는 과정에서 글쓰기에 대한 흥미와 자신감을 키울 수 있다.

글쓰기 방법

그림책 『별을 삼킨 괴물』에 등장하는 괴물의 모습과 그 모습을 설명한 글을 다시 한번 읽어 본다. 그리고 쫑긋쫑긋, 북슬북슬, 뾰족뾰족, 길쭉길쭉, 빵빵 등 흉내 내는 말로 표현한 괴물의 모습도 떠올려 본다. 이어서 자신이 마음속으로 상상한 괴물의 모습을 그림으로 그려 보고, 그 그림을 보며 흉내 내는 말을 넣어 괴물의 모습을 글로 설명한다.

준비물 : 활동지, 채색 도구

① 괴물의 모습을 상상해서 그림으로 그린다.
② 자신이 그린 그림을 부모님께 설명한다.
③ 설명한 내용을 흉내 내는 말을 넣은 문장으로 완성한다.

유의점

괴물의 모습과 행동을 상상해서 그림으로 표현하는 활동에서는 그림을 잘 그리는 것보다 상상한 구체적인 내용이 더 중요하다. 예쁘게 그리는 데 집착하지 않도록 하고, 그림에서 부족한 부분은 말이나 글로 설명해서 보충할 수 있다는 것을 안내한다. 아이가 흉내 내는 말을 넣어 글 쓰는 것을 어려워한다면 흉내 내는 말의 예시를 들어서 도와준다. 또는 흉내 내는 말 이외의 다양한 꾸밈말을 넣어서 설명하는 글을 쓰도록 해도 좋다.

괴물 상상하기 놀이

1. 괴물의 모습을 상상해서 그림으로 그려 보세요.

2. 흉내 내는 말을 넣어 괴물의 모습을 설명하는 글을 써 보세요.

괴물 상상하기 놀이 (예시)

1. 괴물의 모습을 상상해서 그림으로 그려 보세요.

2. 흉내 내는 말을 넣어 괴물의 모습을 설명하는 글을 써 보세요.

뾰족뾰족 뿔을 두 개 가지고 있다.

빨강, 초록, 파랑 알록달록한 옷을 입고 있다.

입을 삐죽삐죽하고 있다.

22 인물의 말과 행동을 상상해요 ②

이야기 만들기

국어 1학년 2학기 10단원

숲속에 사는 재봉사는 옷 만들기를 좋아해서 숲속 친구들을 위해 밤이나 낮이나 옷을 만든다. 하늘의 새와 바다의 물고기, 큰 동물과 작은 곤충들의 옷까지 만들어 주면서 행복을 느낀다. 다양한 재료를 사용한 콜라주 그림과 친구들에게 옷을 만들어 주는 재봉사의 따뜻한 이야기가 아름답게 어우러진 그림책이다.

『숲속 재봉사』
최향랑 글·그림, 창비

★ 독후 활동

1) 옷 디자인하고 이름 지어 주기

활동 방법

그림책을 읽고 나면 누구나 상황에 따라 다른 옷이 필요하다는 것을 알게 된다. 숲속 재봉사는 친구들의 요구에 맞춰 각자가 꿈꿔 온 옷을 만들어 준다. 기능과 디자인을 모두 살린 멋진 옷들이다. 숲속 재봉사가 피곤해서 잠든 사이에 '내가 디자이너가 되었다'고 상상해 보고 도화지에 옷을 디자인하는 활동을 해 본다. 디자인한 옷을 마스킹 테이프로 간단히 꾸미고, 옷을 입고 어디에 무엇을 하러 갈지 상상하면서 옷에 어울리는 이름도 지어 본다.

준비물 : 엽서 크기 도화지, 마스킹 테이프, 사인펜, 색연필, 가위

① 그림책을 읽고, 인물과 상황에 따라 다양한 옷이 필요하다는 것을 이야기 나눈다.
② 엽서 크기의 도화지에 사인펜이나 색연필로 옷을 디자인(스케치)한다.

③ 다양한 모양과 색의 마스킹 테이프로 옷을 멋스럽게 꾸민다.
④ 완성한 작품을 보며 인물의 모습과 행동을 상상해 보고, 상황을 구체적으로 설명하는 이름을 지어 준다.

작품 예시

유의점

큰 도화지에 옷을 그리라고 하면 아이가 부담을 느낄 수 있으므로 작은 도화지를 주는 것이 좋다. 도화지를 1/4 크기로 잘라서 사용하거나 캘리그라피용으로 제작된 작은 용지에 그리게 한다. 그림을 그리고 옷을 꾸밀 때는 부담 없이 가벼운 마음으로 할 수 있도록 한다. 다양한 마스킹 테이프를 조합하면 엄마와 함께 옷 꾸미기도 어렵지 않게 할 수 있다. 이것을 누가 입을 건지, 입고 어디 가서 무엇을 할 건지, 함께 가는 친구는 누구인지 등 구체적인 질문을 통해 아이의 상상력을 자극한다. 아이가 이야기할 때는 잘 들어주는 것이 중요하다.

옷 디자인하고 상황에 어울리는 이름 지어 주기

1. 자유롭게 옷을 그려 보세요.

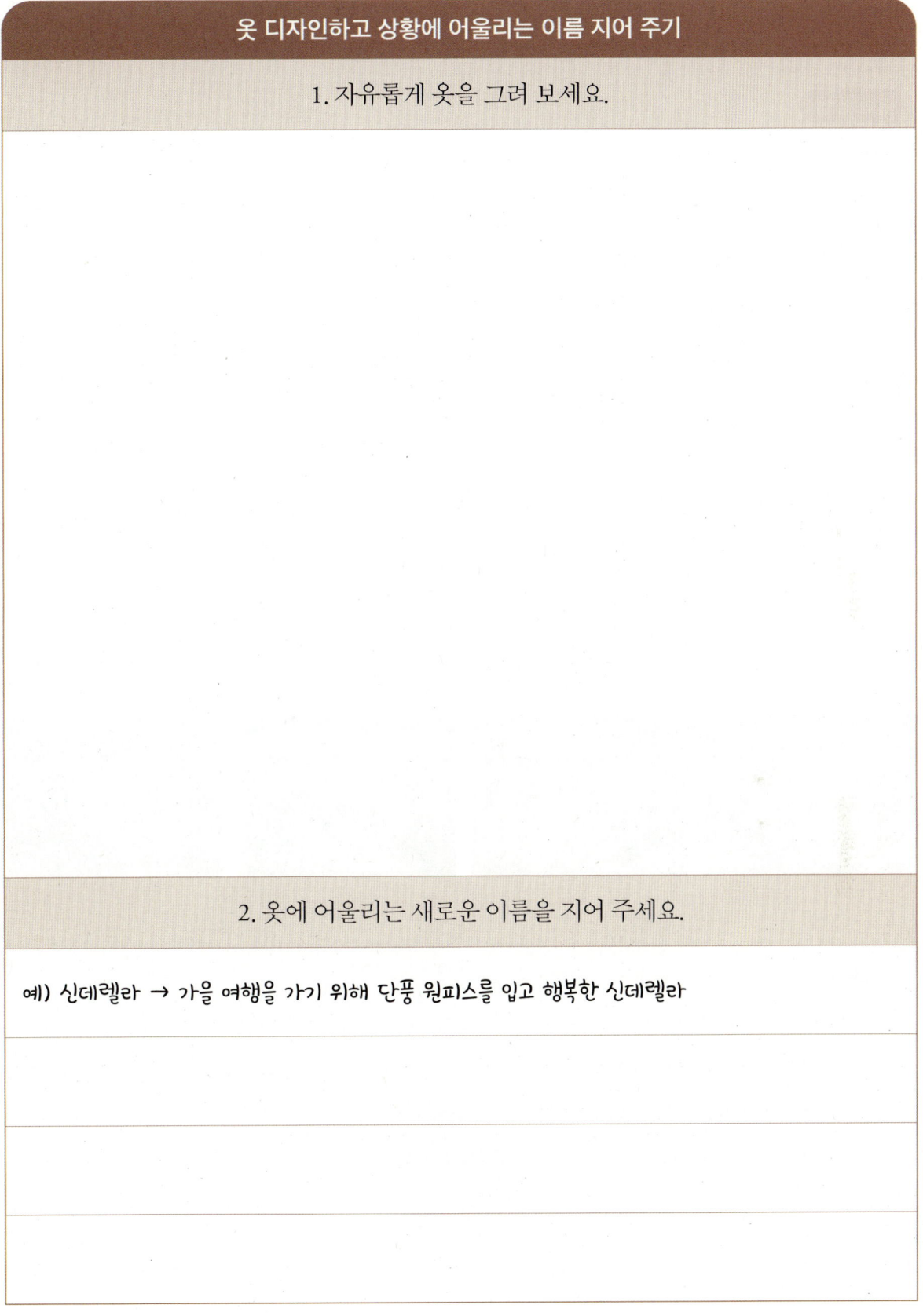

2. 옷에 어울리는 새로운 이름을 지어 주세요.

예) 신데렐라 → 가을 여행을 가기 위해 단풍 원피스를 입고 행복한 신데렐라

2) 자연물로 꾸미고 이야기 만들기

활동 방법

조개껍데기, 돌멩이, 말린 꽃잎과 잎사귀 등 다양한 재료로 표현한 그림책을 참고하여 아이와 함께 주변의 자연물을 이용해서 꾸미고, 이야기를 만들어 보는 활동이다. 집 주변을 산책하면서 자연물을 수집해 새로운 작품을 만들고 이야기를 짓는 과정에서 아이는 주변에 대한 호기심을 충족하고 창작하는 기쁨을 느낄 수 있다.

준비물 : 도화지, 낙엽 등 자연물, 풀, 스카치테이프, 가위, 색연필

① 엄마와 함께 산책을 하며 주변의 자연물인 낙엽, 꽃잎, 열매 등을 모은다.
② 자연물을 도화지에 잘 배치하고 풀이나 스카치테이프로 붙인다.
③ 색연필로 배경을 색칠한다.
④ 완성한 작품을 보며 어떤 작품인지, 어떤 이야기가 숨어 있는지 엄마에게 들려준다.

작품 예시

유의점

그림책을 함께 읽고 그림책에 쓰인 다양한 재료가 무엇이었는지 아이와 이야기를 나눈 뒤에 재료를 수집하러 나간다. 그림책에 쓰인 재료들을 떠올리며 주변에서 찾을 수 있는 자연물을 모으되, 아이가 일부러 꽃을 꺾거나 나무를 흔들어서 자연을 훼손하지 않도록 주의한다. 떨어진 열매와 나뭇잎, 꽃잎을 줍거나 관찰하면서 왜 자연을 사랑하고 아껴야 하는지도 설명해 준다. 자연물을 모으고 작품을 만드는 과정에서 계속 대화를 나누면서 아이의 언어 발달을 꾀할 수 있다.

자연물(나뭇잎, 꽃잎, 열매 등)로 꾸미기

1. 주변에서 찾은 다양한 자연물로 자유롭게 꾸며 보세요.

2. 왜 이렇게 꾸몄는지, 이야기를 만들어서 써 보세요.

⭐ 질문과 대화

1) 사실 질문

재봉사가 누구에게 옷을 만들어 주었나요?

곰에게 모자가 필요한 이유는 무엇인가요?

2) 해석 질문

넓은 들판에 사는 큰 동물들과 작은 곤충들에게 필요한 옷은 무엇일까요?

토끼는 뛸 때 왜 팔랑거리는 치마를 좋아할까요?

문어에게(또는 ○○에게) 그 옷을 준 이유는 무엇일까요?

3) 적용 질문

내가 재봉사에게 부탁하고 싶은 옷은 어떤 옷인가요?

내가 재봉사라면 누구에게 어떤 옷을 만들어 주고 싶은가요?

⭐ 글쓰기

내가 동물들에게 만들어 주고 싶은 옷

숲속 재봉사는 여러 동물이 원하는 옷을 멋지게 잘 만들어 준다. 플라밍고에게는 춤출 때 입는 옷, 오징어에게는 무지개 스타킹과 구두, 토끼에게는 팔랑거리는 치마를 만들어 주었다. 모두 꿈꿔 왔던 옷을 입고 잔치를 벌인다. 하지만 피곤해진 숲속 재봉사가 잠이 들어 아직 깨어나지 않았기 때문에 원하는 옷을 입어 보지 못한 동물도 많다. 그런 동물들을 위해 아이가 숲속 재봉사가 되었다고 상상하며, 어떤 옷을 만들어 주고 싶은지, 그 이유는 무엇인지 써 보는 활동이다.

글쓰기 방법

그림책을 보며 하늘을 나는 새들, 물속의 물고기들, 들판과 산에 사는 동물들과 곤충들을 자세히 관찰한다. 여러 동물의 모습을 꼼꼼히 살펴보고 그림책에 나오지 않은 동물들에 대해서도 이야기 나눈다. 백과사전이나 인터넷 등을 찾아보며 다양한 동물의 생김새와 특징을 알아보는 것도 좋다. 그런 다음 옷을 만들어 주고 싶은 동물을 고르고, 그 이유에 대해 이야기 나눈 내용을 글로 쓰도록 한다.

유의점

숲속 재봉사가 되어 동물들에게 어울리는 옷을 만들어 주려면 옷의 재료에 대해 생각해 보아야 한다. 조개껍데기, 나무 열매, 꽃잎, 나뭇잎, 씨앗이나 돌멩이 등 다양한 자연의 재료 가운데 어떤 것으로 옷을 만들지 미리 계획한다. 그림책에서 사용한 재료 외에도 집 주변에서 구할 수 있는 다른 재료를 함께 찾아보며 아이가 자유롭게 동물의 옷을 상상할 수 있도록 한다.

나도 숲속 재봉사

1. 내가 숲속 재봉사라면 어떤 동물에게 어떤 옷을 만들어 주고 싶은지 그려 보세요.

2. 그 이유는 무엇인지 써 보세요.

나는 (　　　　　　)에게
(　　　　　　　　　　　) 옷을
만들어 주고 싶어요.
왜냐하면
(　　　　　　　　　　　) 이기 때문이에요.

23 약속 실천하기

인물의 말과 행동을 상상해요 ③

국어 1학년 2학기 10단원

영서는 뭐든지 "내가 할래요!"를 외치는 아이다. 옷 입고 신발 신는 일, 약 바르는 일까지 모두 자기 스스로 하고 싶어 한다. 호기심 많고 새로운 일이 즐거운 영서는 밀가루로 과자를 굽다가 온 집 안을 하얗게 만들어 놓기도 한다. 아이가 있는 집이라면 누구나 공감할 만한 주제와 친숙한 소재로 구성된 그림책이다.

『엄마 내가 할래요!』
장선희 글·박정섭 그림, 장영

★ 독후 활동

1) "(약속, 다짐) 내가 할래요!" 양면 딱지 만들기

활동 방법

아이 스스로 할 수 있는 일들을 정해서 실천하도록 하는 활동이다. 아이는 부모의 행동을 보고 뭐든지 '나도 할 수 있다'며 따라 하려고 한다. 장난감 정리하기, 일찍 잠들기, 신발 제자리에 놓기처럼 쉽게 할 수 있는 것들을 지키기로 약속하고, 그 내용을 재미있게 딱지치기 놀이로 기억하도록 한다. 딱지치기는 종이로 네모나게 딱지를 접어서 바닥에 놓고, 한 사람이 자기 딱지로 상대방의 딱지를 쳐서 뒤집으면 따먹는 놀이다. 딱지 한 면에는 '약속이나 다짐', 다른 한 면에는 '내가 할래요!'를 쓴 다음, 딱지치기 놀이를 하면서 스스로 할 수 있는 일을 잘 실천할 것을 다짐해 본다.

준비물 : 양면 색종이, 네임펜

① 아이가 스스로 할 수 있는 일이 무엇인지 이야기 나눈다.

② 아이와 함께 색종이로 딱지를 접는다.

③ 완성한 딱지의 앞면에는 '내가 할래요!'를, 뒷면에는 '약속, 다짐'을 네임펜으로 쓴다.

④ 딱지치기 놀이를 하면서 딱지에 적은 '약속, 다짐'을 소리 내어 읽어 본다.

작품 예시

유의점

딱지를 접고 놀이를 하는 과정에서 쉽게 할 수 있는 일부 단계는 아이가 직접 하도록 격려하고, 단계가 높아질 때는 부모가 도와준다. 딱지는 색종이뿐만 아니라 신문지, 잡지, 우유갑 등으로 만들어도 좋다. 크기가 다양한 딱지를 만들어 형제자매나 친구들과 놀이를 하면 소근육 발달을 꾀할 수 있고, 아이의 정서를 기르고 사회성을 향상하는 데도 도움이 된다.

양면 딱지 만들기

정사각형 색종이를 준비한다.	반을 접는다.	반 접은 사각형의 1/2까지 삼각형을 접는다.	반대쪽도 삼각형으로 접어 마주 보게 한다.

다른 색 색종이	반을 접는다.	반 접은 사각형의 1/2까지 삼각형을 접는다.	반대쪽도 삼각형으로 접어 마주 보게 한다.

한 쌍의 색종이를	뒤집는다.	삼각형을 접는다.	마주 접는다.

삼각형 마주 접기를 한 한 쌍을	살짝 편다.	한쪽은 위, 한쪽은 아래로 열십자로 교차해서 가운데 놓는다.	반대쪽도 안주머니가 있는 쪽을 보이도록 배치한다.

다른 색 날개를 가운데로 접어 넣는다.	마주 보는 날개도 가운데로 접어 넣는다.	뒤집어서 반복한다.	마지막 날개까지 주머니 안으로 넣어 완성한다.

2) 스스로 할 수 있는 일 찾아서 실천하기

활동 방법

독립심이 커지는 시기의 아이가 스스로 할 수 있는 일을 찾아보고 매일 꾸준히 실천하도록 격려하는 활동이다. 스스로의 힘으로 문제를 해결하거나 주어진 일을 성공적으로 완수하는 경험은 아이의 자아 존중감을 키워 준다. 그림책을 읽고 나서 아이가 스스로 할 수 있는 일을 찾아보고 꾸준히 실천할 수 있도록 지도한다.

준비물 : '스스로 할래요!' 활동지

① 아이와 함께 스스로 할 수 있는 일이 무엇인지 이야기 나눈다.
② 스스로 할 수 있는 일을 정한 다음 활동지에 할 일의 목록을 쓴다.
③ 매일 스스로 실천하고 그 결과를 '◎(잘함), ○(보통), △(노력이 필요함)'으로 표시한다.
④ 일주일간의 결과를 보고 느낀 점을 간단히 기록하고, 다음 주 계획을 세워서 실천한다.

활동 예시

스스로 할래요!		
아침	오전~오후	저녁
스스로 일어나기 이부자리 정돈하기 혼자서 옷 입기 세수하고 이 닦기 인사하기	선생님 말씀 잘 듣기 자신있게 발표하기 친구와 사이좋게 지내기 손발 씻기 알림장 확인하기 가방 챙기기 책 읽기	세수하고 이 닦기 일찍 자기

유의점

무엇보다 아이가 스스로 할 수 있는 일을 찾아보게 하는 것이 중요하다. 자칫 부모의 생각을 강요하거나 지시하면 아이의 자발성이 약화될 수 있다. 기쁜 마음으로 할 일을 찾아서 실천할 수 있도록 아이의 의견을 존중해 주고, 작은 일이라도 잘 실천하고 있다면 적극적으로 격려하고 칭찬한다.

'스스로 할래요!' 실천하기

할 일 \ 요일	월	화	수	목	금	토	일
느낀 점							
부모님 확인							

⭐ 질문과 대화

1) 사실 질문
영서가 스스로 한 일은 무엇인가요?

영서가 밀가루 반죽으로 만든 것은 무엇인가요?

2) 해석 질문
영서는 왜 뭐든지 내가 하겠다고 했을까요?

영서는 왜 눈물이 찔끔 났을까요?

3) 적용 질문
내가 스스로 할 수 있는 일은 무엇인가요?

내가 스스로 행동해서 칭찬받았던 일은 무엇인가요?

⭐ 글쓰기

'내가 할래요!' 소감 쓰기

초등 1학년 때는 자존감이 자라나는 시기라서 아이는 무엇이든 혼자 해 보려고 한다. 실제로 혼자 힘으로 해내고 나면 성취감이 높아져 긍정적인 자존감을 형성하는 데 도움이 된다. 그림책 속 영서처럼 아이 스스로 할 수 있는 일을 찾아서 도전해 보도록 격려하는 것이 중요하다. 아이와의 대화를 통해 스스로 할 수 있는 일을 찾아보게 하고, 어떤 일을 해냈을 때 느끼는 뿌듯함과 '작은 성공'의 경험이 쌓이도록 격려한다.

글쓰기 방법

아이 스스로 할 수 있는 일을 생각해서 말해 보도록 하고, 그중에서 정말로 실천할 만한 일을 정한다. 예를 들어 '책가방 스스로 정리하기'를 정했다면 학교에서 돌아오면 책가방을 제자리에 가져다 놓고, 알림장을 확인하고, 다음 날 준비물이나 과제를 챙기고, 필통 속 필기도구를 정돈하는 일까지 구체적으로 실천 계획을 짠다. 일주일 정도 지난 뒤에 아이가 약속을 실천하면서 어려웠던 점, 좋았던 점, 아쉬웠던 점, 느낀 점 등을 이야기 나누고 그 내용을 글로 쓰게 한다.

준비물 : 활동지

① 그림책 속 영서가 '내가 할래요!' 라고 했던 일들을 정리해 본다.
② 영서가 혼자 해낸 일을 떠올리며 나도 혼자 할 수 있는 일들을 말해 본다.
③ 이야기 나눈 일 가운데 한 가지를 정해서 스스로 실천하기로 한다.
④ 부모는 아이의 도전과 성공을 격려하고 칭찬한다.
⑤ 아이에게 스스로 해냈을 때 느낌이 어땠는지 물어본다.
⑥ '나의 생각과 느낌'을 담은 글을 쓴다.

> **유의점**
>
> 아이가 스스로 해내고 싶은 일을 정할 때 평소에 잘하는 일보다 조금 어렵지만 도전해 보고 싶은 일을 찾아보도록 유도한다. 예를 들어 '벗은 옷 제자리에 걸기', '자고 일어나서 이불 정돈하기', '부모님이 식사 준비할 때 수저 놓기' 등 아이의 발달 정도를 고려해서 성공 경험을 쌓을 수 있는 일이나, 꾸준히 실천해서 습관이 될 수 있는 일을 찾는 것이 좋다. 스스로 해낸 뒤에는 반드시 아이의 느낌이나 기분을 물어본다. 단지 '좋다'라는 표현보다 '뿌듯하다', '자랑스럽다', '자신감이 생겼다', '기분이 날아갈 것 같다'처럼 다양하고 구체적으로 표현해 보도록 한다. 글을 쓸 때도 아이의 '작은 성공' 경험을 담되, 스스로 할 일을 잘 해냈을 때의 감정이 어땠는지를 덧붙여 쓰도록 한다.

엄마, 내가 할래요!

1. 그림책 속 영서가 '내가 할래요!' 라고 한 일을 (   ) 안에 써 보세요.

영서는 ( )을 입어요.	영서는 ( )을 신어요.
영서는 ( )을 발라요.	영서는 ( )로 씻어요.
영서는 ( )을 만들어요.	영서는 밀가루 반죽으로 ( )도 만들어요.

2. 내가 할 수 있는 일을 써 보세요.

나는	나는

3. 내가 할 수 있는 일을 해내고 나서 든 생각이나 느낌을 써 보세요.

24 이웃과 사이좋게 지내기

통합 가을 1학년 2학기 1단원

내 이웃 이야기

나란한 구멍 두 개에 이웃해 살고 있는 갈색 토끼 브랭과 회색 토끼 그리주는 서로의 단점만 보며 자주 싸운다. 말싸움이 커져 몸싸움까지 하게 된 어느 날 배고픈 여우가 나타나 두 토끼를 잡아먹으려 한다. 그제야 힘을 합쳐 여우에게서 도망친 브랭과 그리주는 마침내 사이좋은 이웃이 된다.

『이웃사촌』
클로드 부종 글·그림, 파랑새

★ 독후 활동

1) 내 이웃을 소개합니다

활동 방법

그림책 『이웃사촌』에 이웃으로 나오는 두 토끼를 보고 일상생활에서 만나는 다양한 이웃의 모습을 떠올려 '생각 그물'을 만들어 보는 활동이다. 꼭 옆집에 살아야만 이웃이 아니라 공유하는 생활이 있다면 모두 이웃임을 이해하고, 우리는 언제나 이웃과 더불어 생활하고 있다는 것을 인식하도록 한다. 이웃을 설명하는 문장을 쓸 때는 끝에 반드시 아이가 그 이웃과 해 보고 싶은 일이나 앞으로 어떻게 지내고 싶은지 쓰도록 하여 이웃에 대한 아이의 생각을 확인한다.

준비물 : 활동지, 필기도구

① 그동안 내가 만났던 이웃을 떠올리고 생각 그물로 표현한다.

② 그중에서 내가 소개하고 싶은 이웃을 고른다.
③ 소개할 이웃의 모습을 그리고, 간단히 설명하는 글을 쓴다.

> **유의점**
>
> 이웃이란 옆집에 사는 사람만을 일컫는다거나 반대로 자신이 만난 모든 사람을 뜻하지 않는다는 것을 미리 알려 준다. 단순히 이웃을 나열하는 데 그치지 말고 평소에 아이가 만난 적이 있는지, 혹은 이야기를 해 본 경험이 있는지 등을 떠올려 활동지를 작성하도록 한다. 완전한 문장 쓰기가 힘들다면 엄마가 만들어 놓고 빈칸에 알맞은 내용을 채우게 해도 된다.

내 이웃을 소개합니다

**1. 우리 집 주변에는 누가 살고 있나요?
나의 이웃을 떠올려 '생각 그물'로 표현해 보세요.**

2. 여러 이웃 가운데 하나를 골라 간단한 글과 그림으로 소개해 보세요.

글	내 이웃은 (　　　　　　)야.
	이 이웃은 (　　　　　　)에 살고 있어.
	이 이웃의 가족은 모두 (　　　)명이야.
	나는 이 이웃과 (　　　　　　　　) 지내고 싶어.
그림	

2) 이웃과 사이좋게 지내요

활동 방법

이웃과 어떻게 지내야 하는지, 이웃 간에 지켜야 할 예절은 무엇인지 알아보는 활동이다. 요즘에는 거의 다층 건물에 살고 있어서 층간 소음과 흡연 피해, 엘리베이터 이용 문제 등으로 갈등을 겪기도 한다. 아이와 일상생활에서 이웃과의 관계에서 생길 수 있는 문제는 무엇인지, 그것을 어떻게 느꼈는지, 서로 지켜야 할 예절은 무엇이라고 생각하는지 등을 이야기 나눠 본다. 그리고 이를 4컷 만화로 그려 본다.

준비물 : 활동지, 필기도구

① 이웃과의 관계에서 속상한 일이나 조심스러웠던 일을 이야기한다.
② 이웃과 지켜야 할 예절에는 무엇이 있는지 정리해 본다.
③ 이웃과 지켜야 할 예절을 4컷 만화 형태로 그리고, 말주머니에 대화를 넣는다.

작품 예시

유의점

1학년은 그림 그리기나 글쓰기가 아직 서툴러서 만화로 표현하는 것을 어려워할 수 있다. 이럴 때는 4컷 만화라는 표현 기법이 있다는 것만 설명해 주고, 간단한 그림으로 그리고 말주머니를 넣는 정도로 해결해도 된다. 만화 그리는 것보다 엄마와 함께 이웃 간의 문제를 알아보고 해결 방법을 생각해 보는 것이 더 중요하다.

이웃끼리 지켜야 할 예절(4컷 만화 그리기)

이웃끼리 지켜야 할 예절에는 어떤 것이 있을까요?
이웃끼리 지켜야 하는 예절을 생각해서 4컷 만화로 그려 보세요.

⭐ 질문과 대화

1) 사실 질문
처음에 브랭은 왜 그리주에게 화가 났나요?

그리주는 브랭에게 왜 화가 났나요?

브랭과 그리주는 여우로부터 어떻게 탈출할 수 있었나요?

2) 해석 질문
브랭과 그리주는 왜 담까지 설치하게 되었을까요?

브랭과 그리주는 여우 앞에서 왜 힘을 합하게 되었나요?

3) 적용 질문
나도 브랭과 그리주처럼 싸우고 나서 화해하고 잘 지내는 친구가 있나요?

싸운 친구와 화해하는 방법에는 무엇이 있을까요?

이웃과 잘 지내는 방법은 무엇일까요?

⭐ 글쓰기

과일 엽서 3종 세트 쓰기
다양한 이웃의 생활 모습을 이해했다면, 이웃과 더불어 살아가는 방법은 무엇인지에 대해 이야기 나눠 본다. 또 우리 주변에 있는 이웃을 찾아보고, 이웃과의 관계에서 지켜야 할 예절과 잘 지내는 방법에 대해서도 알아본다. 그 이웃에게 과일 엽서 3종 세트를 활용해서 마음을 전하는 간단한 글쓰기를 한다.

글쓰기 방법
그림책을 다시 읽어 보고, 아이가 여러 이웃의 생활 모습을 떠올린 뒤 '나의 이웃'을 생각해 보도록 한다. 나는 이웃들과 어떻게 연결되어 있는지, 이웃과 더불어 잘 지내려면 어떻게 해야 하는지 등을 이야기 나눈다. 그리고 과일 엽서 3종 세트의 '감'에는 이웃에게 도움을 받은 경험과 고마운 마음을 써 본다. '배'에는 이웃의 솔선수범이나 선행 등을 배우겠다고 다짐하는 마음을 써 본다. '사과'에는 이웃의 고마움을 알지 못한 것을 반성하는 마음을 써 본다. 한 이웃을 선택해서 엽서 3종을 한꺼번에 전달해도 되고, 따로따로 전달해도 된다.

준비물 : 엽서 세 장, 필기도구, 채색 도구

① 엽서 세 장에 각각 감, 배, 사과를 그리고 색칠한다.
② 그림 아래에 이웃에게 전하고 싶은 말을 쓴다.
③ 과일 엽서 3종 세트를 각각 또는 한 이웃에게 건넨다.

유의점

활동하기 전에 이웃의 범위를 어디까지로 할지, 아이와 이야기를 나누어 범위와 대상을 구체적으로 선정하는 것이 좋다. 당연하게 여겼던 아침 등교 시간의 교통 지도 선생님, 필요한 학용품을 잘 골라 주시는 문구점 사장님, 급식실에서 맛있는 점심을 만들어 주시는 조리사님, 모두 우리의 이웃이다. 영역을 넓혀 눈에 잘 보이지 않는 곳에서 우리가 편리하게 생활하도록 도와주는 분들이 있다는 것을 깨닫게 하는 것이 중요하다.

과일 엽서 3종 세트 (예시)

감사한 마음을 전해요.

당신의 따뜻한 마음을 배워요.

제 잘못을 사과드려요.

25 계절의 변화 느끼기

통합 가을 1학년 2학기 2단원

현규의 추석

새아는 시골 할머니 댁에 놀러 갔다가 가을을 파는 마법사를 만난다. 빨간 모자 아저씨가 옷자락을 펄럭이며 "가을 사세요! 가을 싸게 팔아요!"를 외칠 때마다 감이 빨갛게 익고, 나무는 알록달록 물들고, 해바라기 씨는 까맣게 익는다. 사계절이 뚜렷한 우리나라에 가을이 오는 과정과 풍경을 담은 그림책이다.

『가을을 파는 마법사』
이종은 글·류은형 그림,
노루궁뎅이

★ 독후 활동

1) 잠자리 만들기

활동 방법

가을의 특징에 대해 알아보고, 가을에 볼 수 있는 곤충이나 물건을 만들어 보는 활동이다. 시골 할머니 댁에 놀러 간 주인공은 가을 들판에서 갖가지 모양의 낙엽과 고추잠자리, 높고 푸른 하늘, 알밤 등을 찾아낸다. 그림책을 읽고, 가을에 볼 수 있는 풍경을 생각해 보며 이야기를 나눈다. 그리고 책의 여러 장면에 등장하는 고추잠자리를 만들어 본다.

준비물 : OHP 필름지(과자 봉지), 네임펜, 인형 눈, 아이스크림 막대, 목공풀, 가위

① OHP 필름지(과자 봉지)에 네임펜으로 잠자리 날개 모양을 그린다.
② 가위로 잠자리 날개 모양을 오린다.
③ 아이스크림 막대에 인형 눈을 붙인다.
④ 아이스크림 막대에 목공풀이나 양면테이프로 잠자리 날개를 붙인다.

⑤ 아이스크림 막대를 네임펜으로 색칠하여 꾸민다.

작품 예시

OHP 필름지에
잠자리 날개 그리기

날개 오리기

아이스크림 막대에
인형 눈 붙이기

막대에 날개 붙이기

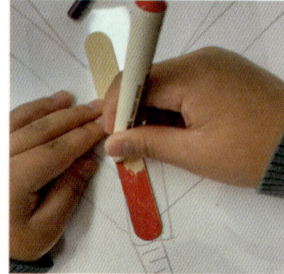
아이스크림 막대 색칠하기

잠자리 만들기 완성

> **유의점**
>
> 가위로 OHP 필름지를 자를 때 손을 다치지 않도록 조심한다. OHP 필름지를 구할 수 없는 경우에는 과자 봉지를 잘라서 날개를 만들어도 된다. 과자 봉지의 안쪽 면을 이용해서 반짝이는 은빛 날개로 꾸밀 수 있다. 잠자리 모양이 단순하면 아이가 직접 오리게 하고, 가위질하기를 어려워하면 사용법을 익힐 수 있도록 도와준다. 잠자리를 많이 만들어서 가을 들판을 꾸며 보거나, 잠자리를 소재로 한 다양한 동시를 찾아서 함께 낭송하는 것도 유익한 경험이 될 것이다.

2) 가을 망토 입고 역할 놀이하기

활동 방법

주변에서 쉽게 구할 수 있는 보자기에 다양한 장식을 해서 그림책에 등장하는 '가을을 파는 마법사'의 망토를 만들어 보는 활동이다. 아이와 함께 집 근처 공원이나 산책로에서 가을의 정취를 느낄 수 있는 마른 나뭇가지나 나뭇잎, 꽃잎 등을 수집한다. 감, 고추잠자리, 호박, 밤송이 등은 색깔 점토로 만들거나 색종이로 접으면 된다. 수집한 자연물과 직접 만든 장식물로 풍성하게 꾸민 가을 망토를 입고, "가을 사세요!"를 외치며 역할극 놀이를 한다.

준비물 : 보자기, 낙엽, 마른 나뭇가지, 색깔 점토, 목공풀, 색종이, 네임펜

① 공원 등으로 산책을 나가 마른 나뭇가지, 나뭇잎, 꽃잎 등을 모아 온다.
② 가을을 상징하는 과일과 고추잠자리 등은 색깔 점토로 빚거나 색종이를 접어서 만든다.
③ 보자기를 펼치고 위의 재료들로 모양을 꾸미며 목공풀로 붙인다.
④ 제시한 활동지의 대본을 보고 즉흥극 놀이를 한다.

작품 예시

유의점

가을을 표현하기 위한 자연물을 수집하러 나갈 때는 나뭇가지나 꽃을 꺾지 않고 바닥에 떨어진 것을 줍도록 한다. 주변의 꽃과 나무, 풀 등 자연을 아끼고 사랑해야 아름다운 계절과 자연환경이 주는 축복을 누릴 수 있다는 것도 알려 준다. 대화를 나누는 과정에서 아이가 풍성한 가을의 정취를 느끼고, 자연에 대한 고마운 마음을 갖도록 한다.

즉흥 역할극 대본 (예시)

가을 마법사 : (가을 망토를 어깨에 두르며)
"오늘 친구들에게 가을을 팔러 나가 볼까?"

아이 : (졸린 눈을 비비며)
"아이, 졸려~ 아, 심심해!"

가을 마법사 : (저벅저벅 멋지게 걸어간다.)
"가을 팔아요! 가을 사세요!"

아이 : (얼른 문을 열고 나가서)
"앗, 가을 파는 아저씨다! 아저씨, 가을 주세요."

가을 마법사 : (빙그레 미소 지으며)
"어떤 가을이 필요하니?"

* 엄마와 아이가 역할을 바꾸어 가며 즉흥 대사와 연기로 역할극을 이어 간다.

★ 질문과 대화

1) 사실 질문
새아는 어디로 놀러 갔나요?
빨간 모자 아저씨가 외친 말은 무엇인가요?
빨간 모자 아저씨가 싸게 파는 것은 무엇인가요?

2) 해석 질문
가을 마법사는 누구일까요?
아저씨가 외칠 때마다 어떤 일이 벌어졌나요?
아이들은 왜 빨간 모자 아저씨의 뒤를 따라갔나요?

3) 적용 질문
내가 알고 있는 가을의 모습은 어떤가요?
나는 가을에 무엇을 팔고 싶은가요?

★ 글쓰기

'마법사 아저씨'가 찾아오지 않으면 어떻게 될까?
그림책에서 시골 할머니 댁에 놀러 간 새아는 가을을 파는 마법사 아저씨를 만나자 주변의 풍경이 달라지는 것을 알아차렸다. 가을이 되면 무엇이 어떻게 달라지는지 아이와 이야기하고, 만약 가을에 마법사 아저씨가 찾아오지 않는다면 세상은 어떻게 달라질지 상상해 보도록 한다. 그리고 상상한 내용을 글로 쓰도록 한다.

글쓰기 방법
그림책을 꼼꼼히 읽으면서 새아와 함께 가을을 파는 마법사 아저씨를 따라가 본다. 마법사 아저씨가 가을을 팔 때마다 무엇이 어떻게 달라졌는지 살피면서 가을을 마음껏 실감한다. 그림책에서는 나무, 감, 해바라기 씨, 고추잠자리, 뭉게구름, 호박, 단풍잎, 알밤, 들판의 모습이 달라지는 것으로 가을을 표현하고 있는데, 그림책 외에 사진이나 동영상 등 가을을 담은 다양한 자료를 찾아보는 것도 좋다. 그런 다음 다시 아이와 그림책을 읽으며 가을에 찾아오는 자연의 변화에 대해 이야기 나눈다. 가을이라는 계절의 변화와 날씨 등에 대해 깊이 있는 이야기를 나누고 나면, 아이가 활동지에서 제시하는 주제에 맞게 구체적인 글쓰기를 할 수 있을 것이다.

유의점

글을 쓰기 전에 글의 주제에 대한 기본적인 정보와 지식, 즉 가을이 되면 달라지는 것들에 대해 아이가 직접적으로 경험한 것과 간접적으로 보고 들은 것을 충분히 이해하고 있어야 한다. 그러려면 아이와 함께 동네 주변을 산책하거나 나들이를 가는 등 자연의 모습을 오감으로 느낄 만한 기회를 만들어 주는 것이 좋다. 다양한 체험을 하고 마음껏 놀 기회를 얻은 아이는 자신의 경험이 녹아 있는 생생한 글쓰기를 할 수 있다. 활동지에 글을 쓸 때는 그림책에 나와 있는 제시문 그대로 쓰는 것보다는 상상력과 창의성을 발휘하여 자유롭게 쓸 수 있도록 안내한다.

가을을 파는 마법사

1. 가을을 파는 마법사 아저씨 덕분에 어떤 일이 벌어졌나요?
( ) 안에 알맞은 말을 넣어 보세요.

민호 집의 감은 (　　　　) 익고, 수미 집의 나무도 (　　　　) 물이 들었어요.
경수 집의 해바라기 씨도 (　　　　　) 익었어요.
(　　　　　　)는 파란 하늘로 윙윙윙~
(　　　　　　)은 파란 하늘에서 두둥실~
파랗던 호박이 (　　　　　　) 익었어요.
(　　　　　　) 물든 단풍잎도 우수수 떨어졌고요.
알밤이 바람을 타고 떨어졌어요.
들판은 (　　　　　　)으로 물들었지요.

2. 만약 가을에 마법사 아저씨가 찾아오지 않는다면 어떻게 될까요?
아래 보기를 참고해서 글을 써 보세요.
(감은? 나무는? 해바라기 씨는? 고추잠자리는? 뭉게구름은?
호박은? 단풍잎은? 알밤은? 들판의 곡식은? 사람들은?)

26 우리나라 상징물 알기

통합 겨울 1학년 2학기 1단원

여기는 우리나라

태극기의 구성 원리와 태극기에 담긴 깊은 의미를 아이들의 눈높이에 맞춰 쉬운 이야기와 그림으로 풀어낸 책이다. 태극기에 대해 궁금한 점들을 사실 정보와 신화를 넘나들며 자세히 설명해 놓아 우리 민족과 함께한 태극기의 발자취를 한눈에 살펴볼 수 있다.

『안녕, 태극기!』
박윤규 글·백대승 그림,
푸른숲주니어

⭐ 독후 활동

1) 지도에 태극기와 무궁화 붙이기

활동 방법

그림책을 통해 우리나라를 상징하는 태극기와 무궁화에 대해 자세히 알아보는 활동이다. 태극기의 문양과 색이 상징하는 의미를 알고, 무궁화에 담긴 '영원히 피고 또 피어서 지지 않는 꽃'이라는 꽃말을 이해한 다음, 도안을 색칠한다. 완성한 태극기와 무궁화를 오려서 우리나라 지도에 붙이고, 태극기와 무궁화의 아름다움을 감상하는 시간을 갖는다.

준비물 : 태극기 도안, 무궁화 도안, 우리나라 지도, 색연필, 풀, 가위

① 태극기 도안을 색칠한다.
② 무궁화 도안을 여러 가지 색으로 꾸민다.
③ 가위로 태극기와 무궁화 도안을 오린다.
④ 무궁화는 우리나라 지도 안쪽에 붙이고, 태극기는 가장자리에 붙인다.

⑤ 완성한 지도를 보며 우리나라의 모양과 상징물을 감상한다.

작품 예시

유의점

무궁화가 어떤 색인지를 묻는 경우가 종종 있는데, 현재 무궁화는 여러 가지 색으로 재배되고 있다. 분홍색뿐만 아니라 흰색, 보라색, 파란색 등 무궁화의 다양한 색을 온라인에서 찾아보는 것도 좋다. 완성한 지도를 보면서 태극기와 무궁화의 아름다움을 감상하고, 뒤에 나오는 다른 나라 친구에게 소개하는 글쓰기와 연결한다.

우리나라 상징물

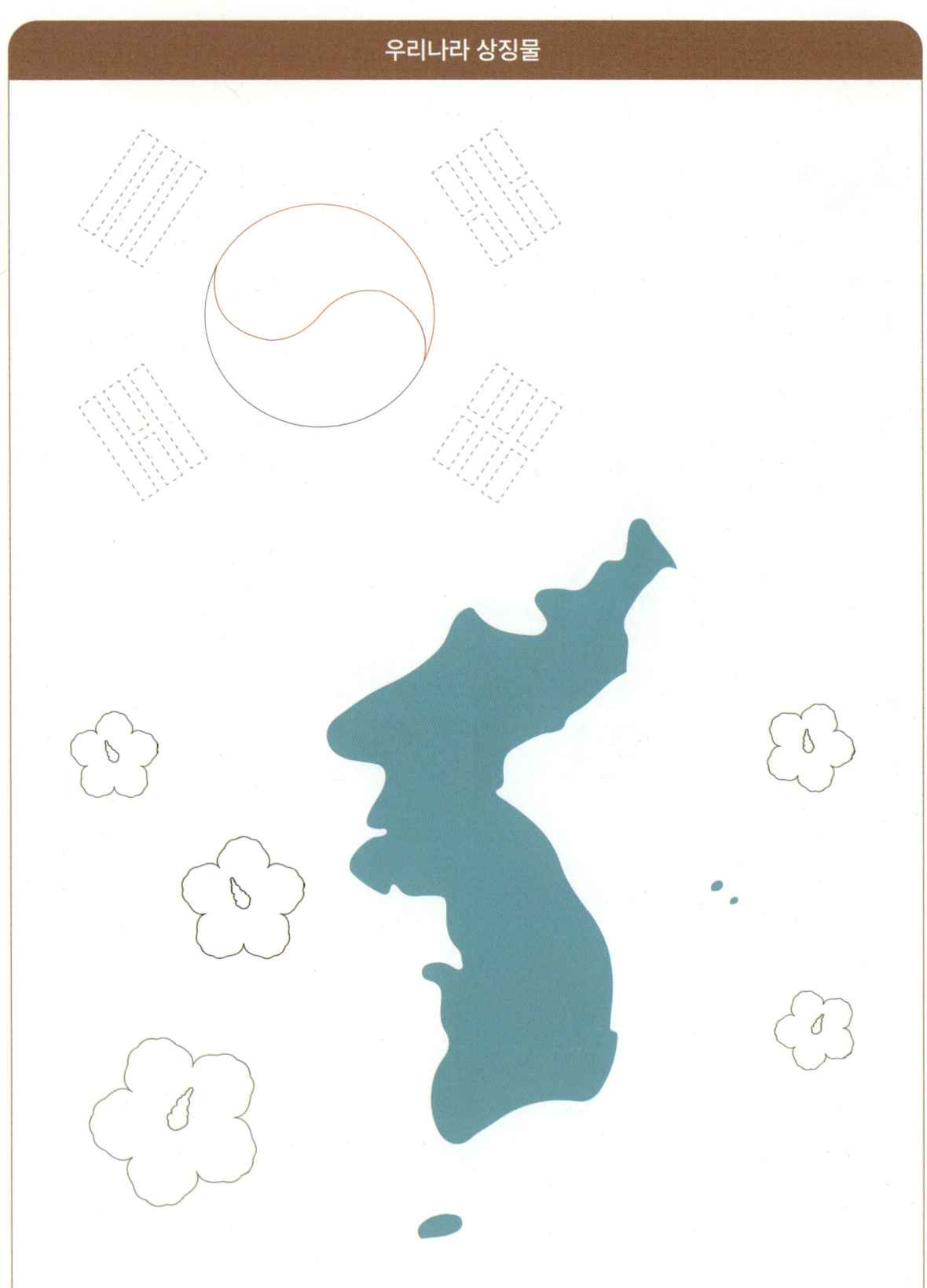

* '태극기, 무궁화, 지도' 도안은 자료실에서 QR 코드로 내려받기할 수 있습니다.

2) 무궁화 모양 자석 만들기

활동 방법

아이와 함께 그림책을 읽은 뒤 우리나라의 상징물 가운데 하나인 무궁화를 색깔 점토로 만들어 보는 활동이다. 먼저 태극기 외에 우리나라를 상징하는 것에는 무엇이 있는지 이야기 나눠 보고, 무궁화 모양으로 자석을 만들어 냉장고에 메모지 등을 붙이는 데 활용한다.

준비물 : 색깔 점토, 자석, 접착제 또는 양면테이프

① 우리나라를 상징하는 것으로 태극기 외에 무엇이 있는지 생각해 본다.
② 무궁화를 찾아서 검색해 본 뒤 원하는 색의 점토를 준비한다.
③ 색깔 점토로 무궁화를 빚는다.
④ 완성한 무궁화 점토를 굳힌다.
⑤ 굳은 무궁화 점토를 접착제로 자석에 붙인다.
⑥ 무궁화 자석을 냉장고 등 필요한 곳에 붙여서 활용한다.

작품 예시

> **유의점**
> 집에 자석이 없거나 구하기 어렵다면 배달 음식에 딸려 오는 자석 쿠폰을 사용한다. 우리나라와 관련한 상징물이라면 무궁화 외에도 태극기, 한복, 대한민국 지도, 복조리 등 아이가 원하는 것을 다양하게 만들어 볼 수 있다. 참고로 자석 쿠폰은 면적이 넓고 납작해서 태극기 자석을 만들기에 적합하다.

⭐ 질문과 대화

1) 사실 질문
6명의 신과 함께 복잡한 우주를 정리한 파란 거인과 붉은 거인을 닮은 신은 누구인가요?

8명의 신이 마지막으로 사람을 만들면서 한 말은 무엇인가요?

8명의 신의 이름은 무엇인가요?

2) 해석 질문
8명의 신이 뜻하는 것은 무엇인가요?

곤과 건이 춤을 춘 이유는 무엇일까요?

3) 적용 질문
태극기를 달아야 하는 날은 언제, 언제인가요?

태극기를 어디서 보았나요?

태극기를 보았을 때 어떤 생각이나 마음이 들었나요?

⭐ 글쓰기

다른 나라 친구에게 태극기 소개하기
태극기는 대한민국의 국기로서 국가의 상징성을 나타낸다. 태극기의 유래와 역사 그리고 상징성을 그림책을 통해 알아보고, 다른 나라에 사는 친구에게 이를 알려 주는 편지글을 써 본다. 태극기의 의미를 되새기며 자긍심을 갖게 하는 글쓰기 활동이다.

글쓰기 방법

그림책에서는 '태극과 8괘 이야기'를 탄생 신화처럼 흥미진진하게 들려준다. 또 태극기의 역사, 전통 놀이와 풍습에서 찾을 수 있는 태극의 모습, 태극의 무늬와 4괘에 얽힌 의미도 친절하게 소개한다. 하지만 태극기에 대한 모든 정보를 아이에게 가르치고 기억하도록 하는 것은 발달 과정상 아직 어려울 수 있다. 비슷한 또래의 친구에게 아이가 알고 있는 정보를 간단하게 설명하는 편지글 쓰기로 정리하는 시간을 갖도록 한다.

유의점

아이가 편지글 쓰기를 어려워하면 부모가 먼저 태극기에 대한 정보를 하나씩 들려주고, 아이가 그걸 받아쓰게 한다. 받아쓴 내용을 바탕으로 친구에게 소개하듯이 편지를 쓰게 하면 된다. 책을 찾아보고, 정보를 얻고, 이를 글로 정리하는 활동을 통해 정보를 탐색하는 능력을 키울 수 있다. 더 궁금한 내용이 있다면 태극기를 다룬 또 다른 그림책을 찾아서 함께 읽어 보는 것도 좋다.

태극기 소개하기

다른 나라 친구에게 우리나라의 태극기를 알려 주는 편지글을 써 보세요.

태극기 소개하기 (예시)

다른 나라 친구에게 우리나라의 태극기를 알려 주는 편지글을 써 보세요.

(   )야 안녕, 나는 대한민국에 사는 (   )야.

오늘은 너에게 우리나라의 국기인 태극기를 소개하려고 해.

태극기는 하얀 바탕의 한가운데 붉은색과 푸른색의 태극을 두고 있어.

그리고 사방 대각선에는 검은빛 사괘가 있지.

세계 어느 나라의 국기와도 닮지 않아서 멋있다고 생각해.

혹시 더 궁금한 게 있으면 또 알려 줄게.

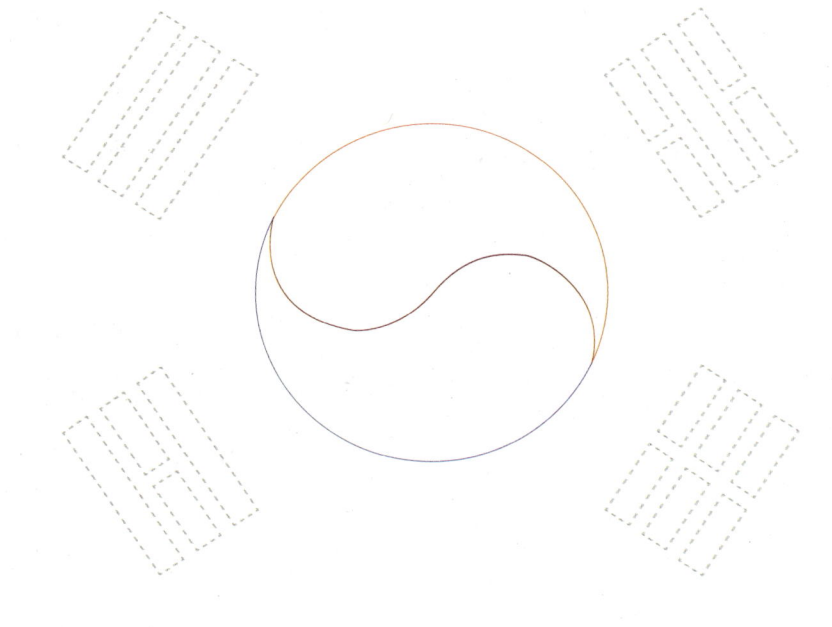

우리의 겨울

27 신나는 겨울나기

통합 겨울 1학년 2학기 2단원

겨울날의 정경과 놀이, 생활상을 보여 주는 그림책이다. 햇살에 반짝이는 눈밭과 보금자리를 찾아 떠나는 철새들, 얼음을 지치며 노는 아이들과 크리스마스 잔치를 준비하는 가족 등 겨울의 아름다움과 활기찬 모습을 운율감 넘치는 글로 표현했다. 재미있는 의성어와 의태어가 많이 나와 글 읽는 재미를 더해 준다.

『겨울이 왔어요』
찰스 기냐 글·애그 자트코우스카 그림, 키즈엠

★ 독후 활동

1) 눈사람 만들고 겨울의 한 장면 표현하기

활동 방법

그림책을 읽고 겨울이라는 계절에 어울리는 한 장면을 표현해 보는 활동이다. 먼저 아이와 겨울이 오면 주변에서 볼 수 있는 것이나 할 수 있는 놀이를 번갈아 가며 하나씩 댄다. 눈송이, 크리스마스트리, 얼음, 털모자, 털장갑, 눈사람 만들기…. 놀이를 마치면 낡은 털장갑이나 헌 양말로 눈사람을 만들고, 활동지에 실물 또는 사진을 찍어서 붙인다. 만들기 활동을 하고 난 뒤에는 겨울, 하면 생각나거나 떠오르는 한 장면을 그림으로 그리거나 글로 써 보게 한다.

준비물 : 헌 양말, 콩이나 쌀, 솜, 인형 눈, 고무줄이나 모루

① 양말에 솜을 넣어 빵빵하게 만든다(양말 아랫부분에 콩이나 쌀을 조금 넣는다).

② 양말 가운데를 고무줄이나 모루로 묶고 양말목을 뒤집어서 모자처럼 만든다.

③ 눈사람 인형에 눈을 붙인다.

④ 입을 그려 넣는 등 다양한 방법으로 꾸민다.

작품 예시

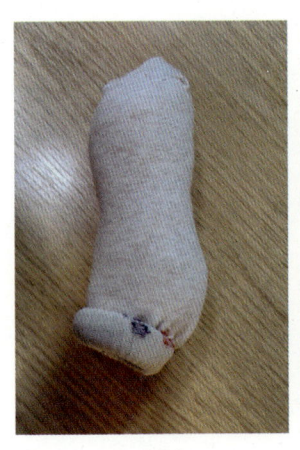   

1단계　　　　　2단계　　　　　3단계　　　　　4단계(완성)

유의점

겨울의 특징을 알아보고 아이가 좋아하는 눈사람 만들기를 하며 겨울의 한 장면을 표현하는 활동인 만큼 즐거운 마음으로 한다. 양말 눈사람을 만들 때는 솜을 넣기 전에 양말 가장 아랫부분에 쌀이나 콩을 조금 넣어 무게를 잡아 주면 눈사람을 안정적으로 세울 수 있다. 글을 쓸 때는 되도록 흉내 내는 말을 넣어서 문장을 완성하도록 한다.

눈사람 만들고 겨울의 한 장면 표현하기

1. 양말 눈사람을 만들고 사진을 찍어서 붙여 보세요.

2. 겨울의 한 장면을 흉내 내는 말을 넣어 표현해 보세요(그림을 그려도 돼요).

눈사람 만들고 겨울의 한 장면 표현하기 (예시)

1. 양말 눈사람을 만들고 사진을 찍어서 붙여 보세요.

2. 겨울의 한 장면을 흉내 내는 말을 넣어 표현해 보세요(그림을 그려도 돼요).

눈을 데굴데굴 굴려서 눈사람을 만들었어요.

2) 크리스마스 장식하기

> **활동 방법**

아이와 함께 그림책을 읽은 뒤 우리 가족이 겨울을 맞이하는 방법에는 무엇이 있을까 이야기하고, 그중에서 크리스마스트리를 장식해 보는 활동이다. 비닐 재질의 시트지로 눈꽃을 만들고, 전구를 활용해서 크리스마스트리를 꾸며 본다.

준비물 : 크리스마스트리, 시트지, 꼬마전구, 가위, 도안, 크리스마스 소품(생략 가능)

① 활동지 도안을 참고해서 눈꽃 결정을 오린다(동그라미를 오려도 된다).
② 꼬마전구를 활용해서 크리스마스트리를 꾸민다(꼬마전구가 없으면 크리스마스트리를 그려서 오려 붙인다).
③ 크리스마스트리 전구 주변에 눈꽃 결정을 붙인다.
④ 집에 있는 소품(볼 등)을 활용해서 크리스마스트리 주변을 꾸민다.

작품 예시

유의점

눈꽃 결정의 모양이 복잡하므로 아이가 가위로 오리기 어려워한다면 부모가 대신 오려 줘도 된다. 제시한 도안은 참고용일 뿐 자유롭게 그리고 오려서 자기만의 눈꽃 결정을 만든다. 단순히 동그라미를 오려서 눈송이를 표현해도 되고, 크리스마스 장식을 할 만한 특별한 재료가 없을 때는 스케치북에 크레파스로 크리스마스트리를 그려서 유리창에 붙여도 좋다. 무엇이든 아이와 함께 크리스마스 분위기를 내 보는 것이 중요하다.

크리스마스 장식하기

다음 도안을 참고해서 눈꽃 결정을 만들어 보세요.
(도안은 예시일 뿐 아이와 함께 창의적인 나만의 눈꽃을 만들어요.)

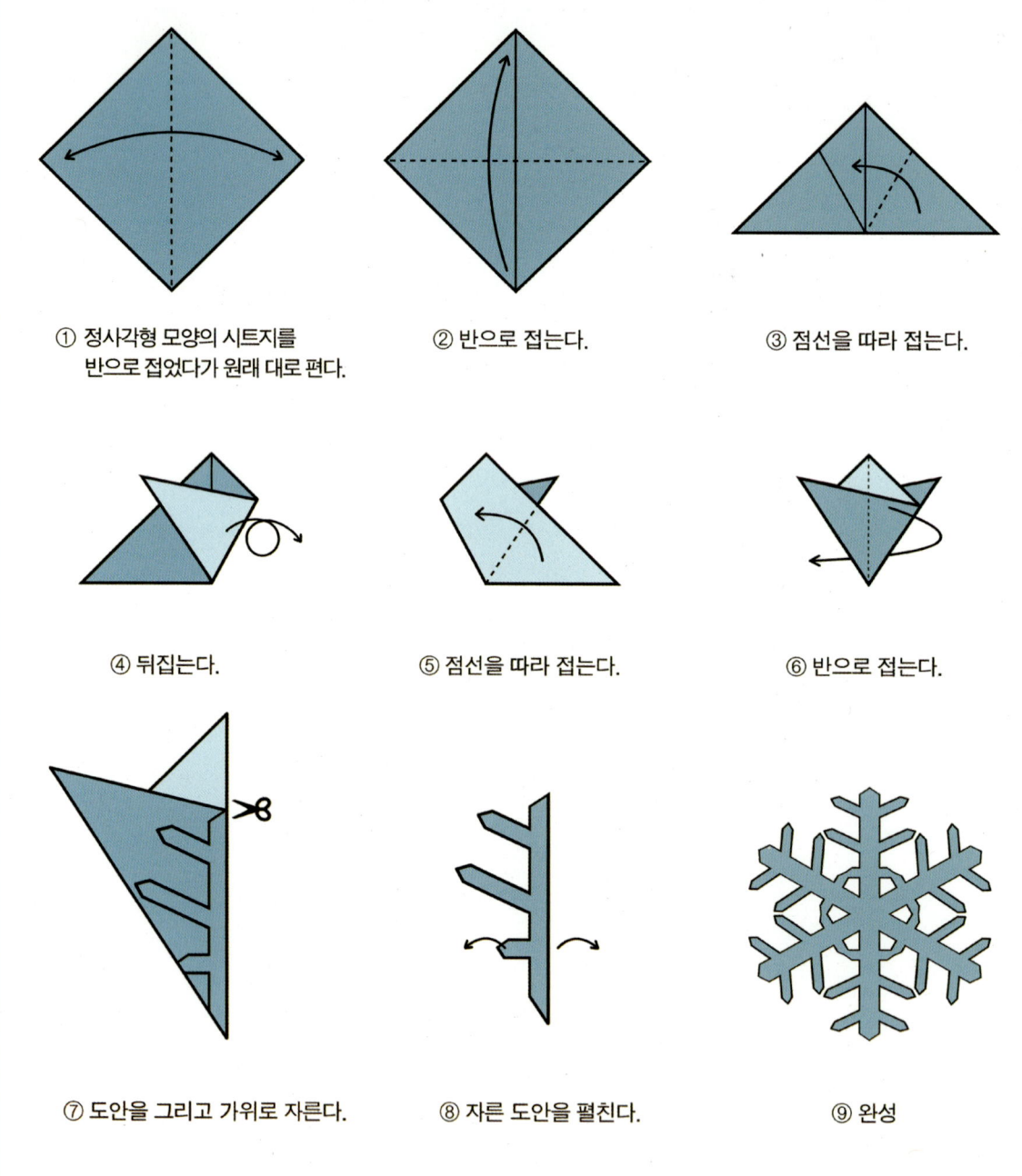

① 정사각형 모양의 시트지를 반으로 접었다가 원래 대로 편다.
② 반으로 접는다.
③ 점선을 따라 접는다.
④ 뒤집는다.
⑤ 점선을 따라 접는다.
⑥ 반으로 접는다.
⑦ 도안을 그리고 가위로 자른다.
⑧ 자른 도안을 펼친다.
⑨ 완성

* '눈꽃 결정' 도안은 자료실에서 QR 코드로 내려받기할 수 있습니다.

★ 질문과 대화

1) 사실 질문
눈이 내리는 소리를 어떻게 표현하였나요?
추운 겨울날, 아이들은 어떤 옷을 입었나요?

2) 해석 질문
기러기는 팔락팔락 하늘을 날아 어디로 갈까요?
눈은 어떤 모양일까요?
겨울에는 왜 얼음이 꽁꽁 얼까요?

3) 적용 질문
겨울을 따뜻하게 나려면 어떤 준비가 필요할까요?
내가 좋아하는 겨울 놀이에는 무엇이 있나요?

★ 글쓰기

노래 가사 바꿔 쓰기
그림책에서는 겨울에 볼 수 있는 모습과 경험할 수 있는 일들을 아기자기한 그림과 의성어, 의태어로 실감나게 표현하고 있다. 그림책에 나오는 문장들 중에 색 글자 단어를 조합해서 겨울을 표현하는 멋진 글을 써 본다. 그리고 이 단어들을 넣어 동요 '눈'의 가사를 바꿔 쓰고 신나게 불러 본다.

글쓰기 방법
그림책을 읽고 다양한 겨울의 모습을 떠올려 본다. 아이가 기억하는 겨울의 모습은 어떤 것인지, 겨울에 어떤 경험을 했는지, 겨울의 특징과 주변의 모습을 머릿속에 그리며 이야기를 나눈다. 이어서 활동지를 보고 그림책에 등장한 색 글자들을 확인하고, 겨울 하면 생각나는 동요가 있는지도 물어본다. 동요 '눈'을 함께 부르고, 노랫말을 바꿔 써 보자고 제안한다. 그림책에 등장한 색 글자들을 넣어 새롭게 노랫말을 짓고 함께 불러 본다.

> **유의점**
> 그림책에 나오는 색 단어들 말고 겨울을 나타내는 단어에는 또 어떤 것이 있는지 생각해 보고 적용해도 좋다. 제안한 단어를 소리나 표정, 몸짓으로 표현하도록 하면 오감으로 단어를 습득하는 능력을 키울 수 있다. 노랫말 바꿔 쓰기를 마치면 율동을 하면서 노래를 부르고, 움츠러들기 쉬운 겨울날을 신체 놀이와 함께 건강하게 보낸다.

'겨울이 왔어요' 노래 가사 만들기

그림책 『겨울이 왔어요』에 나오는 단어를 넣어서
가사를 새로 만들고, 동요 '눈'에 맞춰 불러 보아요.

사락사락, 팔락팔락, 까만, 하얀, 털 장화, 목도리, 벙어리장갑,
꽁꽁, 쌩쌩, 돌돌, 벌러덩, 소복소복, 몽개몽개, 바삭바삭,
크리스마스트리, 따끈한, 홀짝홀짝, 크리스마스 노래,
난로, 햇살, 알록달록, 행복한 겨울이 왔어요.

♬ 예시 ♬

펄펄 눈이 옵니다.	→	**소복소복** 눈이 옵니다.
바람 타고 눈이 옵니다.	→	**몽개몽개** 눈이 옵니다.
하늘나라 선녀님들이	→	**햇살**나라 선녀님들이
송이송이 하얀 솜을	→	따끈한 **벙어리장갑**을
자꾸자꾸 뿌려 줍니다.	→	**팔락팔락** 내려 줍니다.
자꾸자꾸 뿌려 줍니다.	→	**크리스마스트리**에 달아 줍니다.

펄펄 눈이 옵니다.	→
바람 타고 눈이 옵니다.	→
하늘나라 선녀님들이	→
송이송이 하얀 솜을	→
자꾸자꾸 뿌려 줍니다.	→
자꾸자꾸 뿌려 줍니다.	→

저자 소개

김민지
그림책이 좋아서 그림책을 읽고 또 읽으며 아이들이 좋아서 초등학교 교사로 살아가고 있다. 마음에 머무는 새로운 그림책을 발견할 때 기쁨을 느끼며 그 그림책으로 아이들과 이야기를 나누고 수업을 할 때 가장 행복하다. 지은 책으로 『그림책 학급운영』(공저), 『14가지 빛깔의 그림책 수업』(공저)이 있다.

김혜영
그림책이 사람의 마음을 어루만져 주고 아이뿐만 아니라 어른도 성장시킨다는 굳은 믿음으로 초등학교에서 아이들과 그림책을 나누고 있다. 아이들이 그림책의 매력에 빠져들 때 뿌듯함을 느끼며 아이들의 앞날이 그림책으로 행복하기를 바란다. 지은 책으로 『초등 그림책 수업』(공저), 『초등 그림책 문해력 수업』(공저)이 있다.

박효임
책을 즐겨 읽으며 책으로 선생님, 아이들과 소통하고 있다. 도서관에서 책으로 여행하다 마음을 흔드는 그림책을 발견할 때 가장 즐겁다. 지은 책으로 『초등 그림책 수업』(공저), 『질문이 있는 그림책 수업』(공저), 『그림책 감성놀이』(공저), 『마음이 머무는 그림책 한 문장』(공저)이 있다.

이인숙
오래전 우연히 서점에서 펼쳐 든 그림책 한 권에 매료되어 마법 같은 그림책 세상에 빠져들었다. 초등학교에서 아이들과 함께 그림책을 읽고 생각을 나누며 배움과 성장의 기쁨을 알아 가고 있다. 지은 책으로 『질문이 있는 그림책 수업』(공저), 『마음이 머무는 그림책 한 문장』(공저)이 있다.

이지현
그림책으로 아이들과 이야기 나누기를 즐기는 학교 도서관 사서교사이다. 아이들의 시선으로 그림책의 장면마다 의미를 되새기며 생각과 느낌을 경청하고, 각자의 고유성과 존엄성을 깨닫는다. '그림책 감상의 완성은 아이들'이라는 신념으로 그림책 나눔의 동력과 기쁨을 얻고 있다. 지은 책으로 『14가지 빛깔의 그림책 수업』(공저), 『그림책 감성놀이』(공저)가 있다.

안은지
우연히 그림책이 가진 힘을 알고 마음이 아픈 아이들 곁에서 그림책을 읽어 주는 것을 좋아하는 초등학교 교사이다. 그림책의 잔잔한 여운이 아이들의 마음을 어루만져 줄 때 가장 보람을 느낀다. 지은 책으로 『질문이 있는 그림책 수업』(공저), 『그림책 감성놀이』(공저), 『초등 그림책 수업』(공저), 『마음이 머무는 그림책 한 문장』(공저)이 있다.

전은주
그림책을 통해 성장하고 변화하는 아이들을 보는 일이 행복한 초등학교 교사이다. 아이들과 함께 그림책을 읽으며 용기를 얻고 그림책이 주는 위로에 마음이 따뜻해진다. 그림책으로 소통하고 그림책으로 마음을 토닥여 주는 교사가 되기를 희망한다. 지은 책으로 『14가지 빛깔의 그림책 수업』(공저), 『초등 그림책 수업』(공저), 『질문이 있는 그림책 수업』(공저), 『그림책 감성놀이』(공저), 『초등 그림책 문해력 수업』(공저)이 있다.

초등독서수업 끝판왕

전6권

학생들에게 있어 독서 능력은 변화하는 미래 세계에 잘 적응하고 대처할 수 있는 기초 체력입니다. 학습의 튼튼한 기초 체력은 꾸준한 독서 습관, 생각하는 힘, 함께하는 즐거운 책 읽기가 어우러질 때 비로소 완성됩니다. 이 책에서 이 3가지 모두를 조화롭게 경험할 수 있습니다.

각 독서협회 및 기관이 선정한 수상 도서와 추천도서 엄선
학년별 특성에 맞는 다양한 활동과 바로 뽑아 쓰는 '독서 활동지'
하브루타, 온 작품 읽기, 한 학기 한 권 읽기 만능 가이드

초등독서수업 끝판왕 · 1학년 | 228쪽 | 15,000원
초등독서수업 끝판왕 · 2학년 | 228쪽 | 15,000원
초등독서수업 끝판왕 · 3학년 | 220쪽 | 15,000원
초등독서수업 끝판왕 · 4학년 | 224쪽 | 15,000원
초등독서수업 끝판왕 · 5학년 | 256쪽 | 16,000원
초등독서수업 끝판왕 · 6학년 | 288쪽 | 17,000원